nte des Mardi 13, Mercredi 14 et Jeudi 15 Décembre 1904
HOTEL DROUOT — SALLE N° 7.

# CATALOGUE
## DE
# BEAUX LIVRES
### RARES & PRÉCIEUX
## ANCIENS & MODERNES

ayant appartenu à

### M<sup>R</sup> E. DAGUIN

Ancien Président du Tribunal de Commerce
Officier de la Légion d'Honneur

## PREMIÈRE PARTIE
### LIVRES ILLUSTRÉS DU XIX<sup>e</sup> SIÈCLE
Romantiques et Auteurs Contemporains
### EN ÉDITIONS ORIGINALES

### PARIS
## A. DUREL, LIBRAIRE
21, RUE DE L'ANCIENNE-COMÉDIE, 21
9 ET 11, PASSAGE DU COMMERCE. (VI<sup>e</sup> ARR.)

1904

# CATALOGUE
## DE LA
# BIBLIOTHÈQUE
### DE FEU
## Mr E. DAGUIN

PREMIÈRE PARTIE

## LA VENTE AURA LIEU

### Les Mardi 13, Mercredi 14 et Jeudi 15 Décembre 1904

*A deux heures précises de l'après-midi*

**HOTEL DES COMMISSAIRES-PRISEURS, 9, RUE DROUOT**

Salle n° 7, au premier étage

Par le Ministère de M⁰ Maurice DELESTRE ✻, Commissaire-Priseur
5, Rue Saint-Georges, 5 (IX⁰)

Assisté de M. A. DUREL, O. I. ◉, Libraire-Expert,
21, rue de l'Ancienne-Comédie, 9 et 11, passage du Commerce (VI⁰).

---

*Exposition particulière à notre Librairie du Lundi 5 au Jeudi 8 Décembre, de deux heures à cinq heures.*

---

## CONDITIONS DE LA VENTE

La Vente se fera au comptant.

Les acquéreurs payeront **10 p. 100** en sus des adjudications.

Les livres devront être collationnés dans les vingt-quatre heures de l'adjudication. Passé ce délai, ils ne seront repris pour aucune cause.

M. A. DUREL, chargé de la vente, remplira aux conditions d'usage, les commissions des Personnes qui ne pourraient y assister.

M. A. DUREL se réserve la faculté, dans l'intérêt de la vente, de réunir ou de diviser les numéros du Catalogue.

E. DAGUIN

1818 - 1892

# CATALOGUE
## DE
# BEAUX LIVRES
### RARES & PRÉCIEUX
### ANCIENS & MODERNES

ayant appartenu à

## MR E. DAGUIN

Ancien Président du Tribunal de Commerce
Officier de la Légion d'Honneur

### PREMIÈRE PARTIE
### LIVRES ILLUSTRÉS DU XIXe SIÈCLE
Romantiques et Auteurs Contemporains
### EN ÉDITIONS ORIGINALES

PARIS
A. DUREL, LIBRAIRE
21, RUE DE L'ANCIENNE-COMÉDIE, 21
9 ET 11, PASSAGE DU COMMERCE, (VIe ARR.)
1904

# ORDRE DES VACATIONS

## PREMIÈRE VACATION
### Mardi 13 Décembre 1904.

                                      Numéros

**Romantiques et Auteurs contemporains.** — Augier. — Balzac. — Barbier. — Becque. Brillat-Savarin.— Brizeux.— Dumas père. — Dumas fils. — Delphine Gay. — Ludovic Halévy. . . . . . . . . . . . . . . 224 à 281

**Livres illustrés du XIX$^e$ siècle.** — About. Les Mariages de Paris. — Balzac. Eugénie Grandet. — Balzac. La peau de chagrin. . . . 1 à 8

Boileau. — Boufflers. Aline. — Brillat-Savarin. Physiologie du Goût. — Cervantès. — Chants et Chansons populaires. 1843. — Chateaubriand. Atala-René 1805. — Chevigné. Les Contes Rémois. — Collection des Classiques françois, publ. par Lefèvre, *exemplaire sur grand papier vélin.* — Collection des grands Ecrivains, publiée par Hachette et C$^{ie}$, *exemplaire sur grand papier.* - Corneille. — A. Daudet. — Defoé. — Diderot. Jacques le fataliste. — Dumas fils. — Les Evangiles, *édition Curmer.* — Florian. — Fromentin. Sahara et le Sahel . . . . . . . . . 29 à 73

|  | Numéros |
|---|---|
| BÉRANGER. Chansons . . . . . . . . . . | 17 à 28 |
| BÉRANGER. Chansons . . . . . . . . . | 9 à 15 |
| BÉRANGER. Chansons 1834, exemplaire sur grand papier vélin, avec les *figures en 3 états dont l'eau-forte pure.* . . . . . . . . . | 16 |

## DEUXIÈME VACATION

### Mercredi 14 Décembre.

**Editions microscopiques** . . . . . . . 203 à 223
**Romantiques et Auteurs contemporains.**—
Victor HUGO. Le Télégraphe ; Odes ; Le Sacre de Charles X ; Cromwell ; Les Orientales ; Notre-Dame de Paris ; Les feuilles d'Automne; Angelo ; Légende des siècles. . . . . . 282 à 321
Parodies de pièces de Victor HUGO. . . . . $322^{1°}$ à $322^{11°}$
J. JANIN. — LAMARTINE. — LA MENNAIS. . . 323 à 335
**Livres illustrés du XIXᵉ siècle.** Heptaméron. — HOFFMANN. — HORACE. *Reliure de Thouvenin.*—Victor HUGO. Notre-Dame de Paris ; Les Orientales ; Vignettes de Célestin Nanteuil. — L'Imitation de J.-C., *édition Curmer.* — LA FAYETTE. Princesse de Clèves. — LA FONTAINE. — LE SAGE. — Livre d'Heures de la Reine Anne de Bretagne, *édition Curmer.*— LONGUS.— LOUVET DE COUVRAY.— MÉRIMÉE. Chronique de Charles IX. — Mille et une Nuits. — MOLIÈRE . . . . . . . . . . 91 à 142
Théophile GAUTIER. Le Capitaine Fracasse ; L'Eldorado ; Emaux et Camées ; Mademoiselle de Maupin ; Militona. — GÉRARD DE NERVAL. Sylvie. — GOLDSMITH. — GRANDVILLE. Métamorphoses 1829. — HALÉVY. — HAMILTON. Mémoires de Grammont . . . . . . . 74 à 90

## TROISIÈME VACATION

### Jeudi 15 Décembre.

Numéros

**Romantiques et Auteurs contemporains.** — Pailleron. — Ponsard. — Richepin. — Romieu. — Sainte-Beuve. — Sand. — Sandeau. Stendhal. — A. de Vigny. . . . . . . 375 à 409

Prosper Mérimée. — A. de Musset . . . . 336 à 374

**Livres illustrés du XIXᵉ siècle.** — G. Sand. J. Sandeau. Scènes de la Vie privée et publique des Animaux. — Soulié. Le Lion Amoureux. — Staal. Mémoires. — Stendhal. Le Rouge et le Noir ; la Chartreuse de Parme. — Sterne. — Eug. Sue. — Theuriet. Sous Bois. — Vernet. Cris de Paris. — Vigny. — Zola. . . . . . . . . . . . . . . 178 à 202

Monnier. — Lami. — Vernet. — Montaigne. — Morin. — Muller. — Murger. Scènes de la Bohême. — Musset. — Nodier. Journal de l'Expédition des Portes de fer. — Perrault. Contes du Temps passé 1843. — Petitot. — La Pléïade. — L'abbé Prévost. Manon Lescaut 1839, *exemplaire sur Chine.* — Rabelais. — Racine. — Saintine. — Saint-Lambert. *Rel. mosaïque de Vogel.* — B. de Saint-Pierre. Paul et Virginie. *Paris, Curmer*, 1838, avec nombreuses figures ajoutées . . . . . . 143 à 177

# CATALOGUE
DE
# LIVRES RARES & PRÉCIEUX
ANCIENS & MODERNES

ayant appartenu à Mʳ E. DAGUIN

## PREMIÈRE PARTIE

### I. — LIVRES ILLUSTRÉS DU XIXᵉ SIÈCLE
ou avec
SUITES DE FIGURES AJOUTÉES

Classiques Français — Éditions Microscopiques

1. **ABOUT** (Edmond). Les Mariages de Paris (Illustrations de Piguet, gravées sur bois par Huyot). *Paris, Imprimé pour les Amis des Livres, par A. Lahure,* 1887, pet. in-8, demi-rel. dos et coins de mar. citron, dos orné, fil. sur les plats, non rog., couv. (*Cuzin père*).

   Edition tirée à **115** exemplaires numérotés tous sur **papier de Chine** avec la suite des dessins tirés à part.
   Exemplaire nº 18 au nom de Mʳ Daguin.

2. **Arnault.** Les souvenirs et les regrets du vieil amateur dramatique ou lettres d'un oncle à son neveu sur l'ancien théâtre français. Ouvrage orné de gravures coloriées

représentant en pied, d'après les miniatures originales, faites d'après nature, de Foëch, de Basle et de Wirsker, les acteurs dans les rôles où ils ont excellé. *Paris, Librairie de Alphonse Leclère*, 1861, in-8, demi-rel. dos et coins de mar. La Vallière, dos orné, fil., tête dor., non rog. (*Cuzin père*).

<small>49 planches coloriées.</small>

3. **Balzac**. Les Contes Drôlatiques colligez ez Abbayes de Touraine, et mis en lumière par le sieur de Balzac pour l'esbattement des pantagruelistes et non aultres. Cinquiesme édition, illustrée de 425 dessins par Gustave Doré. *Se trouve à Paris ez bureaux de la Société générale de librairie*, 1855, in-8, demi-rel. dos et coins de mar. vert, dos orné, fil., non rog., couv. (*Allô*).

<small>Premier tirage des illustrations de Gustave Doré.</small>

4. **BALZAC**. Eugénie Grandet, par H. de Balzac. Ouvrage orné de huit sujets dessinés par M. Dagnan-Bouveret et gravés à l'eau-forte par M. Le Rat. *Paris, Imprimé pour les Amis des Livres, par Motteroz*, 1883, in-8 raisin, demi-rel. dos et coins de mar. bleu, dos à 5 nerfs avec 5 fil. sur les plats, non rog., couv. (*Allô*).

<small>Édition tirée à **120** exemplaires numérotés à la presse, contenant les figures en double état, eau-forte sur papier blanc, et avant la lettre sur papier de Chine.
Exemplaire n° 21 au nom de M. Daguin.</small>

5. **BALZAC**. La Peau de chagrin. Etudes sociales, par H. de Balzac. *Paris, H. Delloye et V. Lecou*, 1838, gr. in-8, vignettes d'après les dessins de Gavarni, Baron, Janet-Lange, etc., cart. dos et coins de mar. rouge non rog., couv. illust.

<small>Exemplaire de premier tirage, avec la couverture illustrée, auquel on a joint les 2 portraits de *Pauline* et *Fœdora*, épreuves sur blanc, avant la lettre, avec les noms à la pointe.</small>

6. **BALZAC.** La Peau de chagrin. Etudes sociales, par H. de Balzac. *Paris, H. Delloye et V. Lecou,* 1838, gr. in-8, vignettes d'après les dessins de Gavarni, Baron, Janet-Lange, etc., demi-rel. veau brun, dos orné, non rog. (*Rel. de l'époque*).

Bel exemplaire de premier tirage.

7. **Balzac.** Le Colonel Chabert, avec un portrait et six compositions de Delort, gravées par Boisson. *Paris, Calmann Lévy (pour L. Conquet),* 1886, pet. in-8, demi-rel. dos et coins de mar. citron, ornem. de 5 filets sur le dos ; fil. sur les plats, non rog., couv. (*Cuzin père*).

L'un des **225** exemplaires tirés sur papier vélin du Marais (n° 5) avec **3 états** des planches, dont les eaux-fortes pures et les avant la lettre.

8. **Barante** (de). Histoire des ducs de Bourgogne de la maison de Valois, 1364-1477, par M. de Barante, pair de France, 5ᵉ édit. *Paris, Duféy,* 1837-38, 12 vol. in-8, demi-rel. dos et coins de mar. bleu, dos ornés, fil. sur les plats, non rog. (*Allô*).

Premier tirage avec les couvertures et les couvertures de livraisons de l'Atlas.
Edition illustrée de 105 vignettes sur bois d'après Louis Boulanger, Bouterweck, Decamps, Eugène Delacroix, Devéria, Robert Fleury, A. et T. Johannot, Scheffer, etc.
Epreuves tirées sur papier de Chine.

9. **BÉRANGER.** Chansons morales et autres par M. P.-J. de Béranger, convive du caveau moderne, avec gravures et musique. *Paris, à la librairie d'Alexis Eymery,* 1816, in-18, front., br., couv., dans un étui de mar. rouge à longs grains, fil., dos orné.

Edition originale ornée d'un frontispice et d'un titre gravé, avec fleuron, d'après Bergeret.
Bel exemplaire, entièrement non rogné, possédant l'étiquette au dos de la couverture, ce qui est rare.

10. **BÉRANGER.** Chansons, par M. J.-P. de Béranger. *Paris, chez les marchands de nouveautés*, 1821, 2 vol. — Chansons nouvelles par M. P.-J. de Béranger. *Paris, chez les marchands de nouveautés*, 1825, 1 vol. — Chansons inédites de M. P.-J. de Béranger. *Paris, Baudouin frères*, 1828, 1 vol. — Chansons de P.-J. de Béranger, précédées d'une notice sur l'auteur et d'un essai sur ses poésies par M. P.-F. Tissot (Tome IV). *Bruxelles, Tarlier*, 1829, 1 vol. — Chansons nouvelles et dernières de P.-J. de Béranger, dédiées à M. Lucien Bonaparte. *Paris, Perrotin*, 1833, 1 vol. — Ens. 6 tomes en 5 vol. in-18, portr. et fig., demi-rel. dos et coins de mar. grenat à long grain, dos sans nerfs avec ornem. de 5 fil. dor., fil. sur les plats, non rog. (*Allô*).

Bel exemplaire auquel on a ajouté :
1° La Suite de 103 grav. sur acier y compris le portrait de Béranger par Scheffer, gravé par Cousin (1828-1833) en **2 états** sur **Chine avant la lettre** et sur blanc avec la lettre (sauf pour le *Tombeau de Juillet* qui est seulement avec la lettre).
2° La suite complémentaire de 8 gravures sur acier, épreuves sur blanc avec la lettre.
3° Quatre planches nouvelles, gravées en 1834 : Le *Portrait de Béranger*, gravé par Dutillois, épreuve sur blanc avec la lettre. — *Gaulois et Francs* (d'après Raffet) épreuve sur blanc avec la lettre. — Le *Fils du pape*, en **2 états** sur **Chine avant la lettre**, et sur blanc avec la lettre.— Les *Infiniment petits*, en **2 états** sur **Chine avec la lettre** et sur blanc avec la lettre.
La figure pour le *Juif Errant* est en **3 états**, sur **Chine avant la lettre**, sur **blanc avant la lettre** et sur blanc avec la lettre.

11. **Béranger.** Chansons de P.-J. de Béranger. *Paris, Baudouin frères*, 1827, in-32, fig., mar. bleu jans., dent. int., tr. dor. (*Cuzin père*).

Edition ornée de 84 vignettes, gravées au trait sur bois, par Thompson d'après Devéria. — Plus 14 vignettes du même style, publiées dans l'édition de 1828 (remontées).

12. **Béranger.** Chansons de P.-J. de Béranger, anciennes, nouvelles et inédites, suivies des procès intentés à l'auteur. *Paris, Baudouin frères*, 1828, 2 vol. in-8, veau bleu, dos ornés, fil. sur les plats, dent. int., tr. marb. (*Rel. de l'époque*).

Edition contenant 1 portrait de Béranger par Scheffer, gravé par Cou-

sin, et 86 vignettes d'après les dessins de Alfred et Tony Johannot, Grenier, Grandville, Charlet, etc.
Premières épreuves avec toutes les remarques.

13. **BERANGER**. Chansons de P.-J. de Beranger, anciennes, nouvelles et inédites, suivies des procès intentés à l'auteur. *Paris, Baudouin frères*, 1828, 2 vol. — Chansons nouvelles et dernières de P.-J. de Béranger, dédiées à M. Lucien Bonaparte. *Paris, Perrotin*, 1833, 1 vol. — Ens. 3 vol. in-8, fig., veau La Vallière, dos à quatre nerfs, couverts d'ornem. dorés, et mosaïqués, sur les plats, 3 fil. or avec ornem. aux angles, encadrant une grande composition à froid, dans le style romantique, dent. int., tr. dor. (*Simier*).

Edition contenant :
1° Le portrait de Béranger par Scheffer, gravé par Cousin, et 86 vignettes d'après les dessins d'Alfred et Tony Johannot, Charlet, Grenier, Grandville, etc. **Premières épreuves sur Chine**, avec la lettre.
2° 16 vignettes pour les *Chansons nouvelles et dernières*, d'après les mêmes artistes. **Premières épreuves sur Chine**, avec la lettre.
**Reliure romantique d'une grande fraîcheur.**

14. **BERANGER**. Chansons de P.-J. de Béranger, précédées d'une notice sur l'auteur et d'un essai sur ses poésies par M. P.-F. Tissot. *Paris, Perrotin*, 1829. 3 vol. — Chansons de P.-J. de Béranger, précédées d'une notice sur l'auteur et d'un essai sur ses poésies, par M. P.-F. Tissot. Tome IV. *Bruxelles, chez Tarlier*, 1829, 2 parties de 81 et de 94 pages en 1 vol. — Chansons nouvelles et dernières de P.-J. de Béranger, dédiées à M. Lucien Bonaparte. *Paris, Perrotin*, 1833, 1 vol. — Ens. 5 vol. in-18, fig., veau vert, dos ornés, fil. noirs sur les plats, dent. int., tr. dor. (*Rel. de l'époque*).

Edition contenant :
1° Le portrait de Béranger par Scheffer, gravé par Cousin et 86 vignettes d'après les dessins de Alfred et Tony Johannot, Charlet, Grenier, Grandville, etc., épreuves tirées sur **Chine avant la lettre** (sauf la figure intitulée : *Il met le nez à la fenêtre*), qui se trouve seule sur *blanc avant la lettre*.
2° 2 vignettes pour le *Fils du Pape*, épreuve **avant la lettre sur Chine** et les *Infiniment petits*, épreuve avec la lettre.
3° 16 vignettes, pour les *Chansons nouvelles et dernières*, d'après Grenier, Raffet, A. et T. Johannot, etc., épreuves sur **Chine avant la lettre**.

**15. BÉRANGER.** Chansons de P.-J. de Béranger, anciennes, nouvelles et inédites, avec des vignettes de Devéria et des dessins coloriés d'Henri Monnier. *Paris, Baudouin frères*, 1828, 2 vol. — Chansons nouvelles et dernières de P.-J. de Béranger, dédiées à M. Lucien Bonaparte. *Paris, Perrotin*, 1833, 1 vol. — Chansons de P.-J. de Béranger. Supplément. *Paris, chez tous les marchands de nouveautés*, 1829, 1 vol. — Ens. 4 vol. in-8, demi-rel. dos et coins de mar. brun, dos ornés de fil., non rog., couv. (*Allô*).

> Bel exemplaire avec toutes les couvertures de livraisons contenant :
> La suite complète des 40 dessins d'Henri Monnier, lithographiés à la plume et coloriés au pinceau, ainsi que 15 vignettes de ce dernier, lithographiées et coloriées pour le *Supplément* premières épreuves de premier coloris à toutes marges.

**16. BERANGER.** Œuvres complètes de P.-J. de Béranger. Edition unique, revue par l'auteur, ornée de 104 vignettes en taille-douce, dessinées par les peintres les plus célèbres. *Paris, Perrotin*, 1834, 4 vol. — Œuvres complètes de P.-J. de Béranger. Supplément. *Paris, chez les marchands de nouveautés*, 1834, 1 vol. — Musique des chansons de P.-J. de Béranger, contenant les airs anciens et modernes les plus usités. *Paris, Perrotin*, 1834, 1 vol. — Ens. 6 vol. gr. in-8, demi-rel. dos et coins de mar. rouge brique, dos sans nerfs, ornés aux petits fers, lyres aux centres, fil. sur les plats, non rog., couv. (*Cuzin père*).

> **Très bel exemplaire en grand papier vélin** absolument non rogné contenant :
> La Suite complète parue en 1829-33 en premières épreuves, du portrait de Béranger par Scheffer, gravé par Cousin et des 102 figures en **3 états**, sur blanc avec la lettre, sur **Chine avant la lettre et eau-forte sur Chine** ; plus, les figures pour le *portrait de Béranger*, gravé par Dutillois ; *Gaulois et Francs*, d'après Raffet ; *Le Fils du Pape* et *les Infiniments Petits*, également en **3 états**. l'eau-forte pour le *Maître d'école* est remplacée par une **épreuve d'artiste** sur Chine, avec les noms à la pointe.
> Tome premier.
> Les Figures pour le *Sénateur*. — Les *Gueux* et *Dame Jeanne*, sont en 4 états.
> Page 281 on trouve, l'**eau-forte**, tirée sur Chine pour **Margot** (*Rarissime*).

Tome second.

La figure pour les *Clefs du Paradis* est en 5 états.
Les figures pour le *Cinq-Mai.— La Sylphide. — Un Conquérant. — Une Mission. — Il met le nez à la fenêtre*, sont en 4 états.

Tome troisième.

Le *Portrait de Béranger*, gravé par Hopwood, épreuve sur Chine.
Les figures pour *le Malade. — Octavie. — Le Chapeau de la mariée. — Waterloo. — Le Petit Homme rouge. — Le Tombeau de Manuel. — La Fille du peuple. — L'Alchimiste*, sont en 4 états.
La Figure du *Violon brisé*, est en 5 états.
Page 145, 2 vignettes différentes pour **le Sacre de Charles V**, dont une à l'état d'**eau-forte** (*Rarissime*).

Tome quatrième.

Le *Portrait de Béranger*, par Scheffer, gravé par François, en 2 états, sur Chine avec encadrement, et sur blanc avant l'encadrement et avant la lettre, et avec **dédicace autographe** de l'**artiste** à son ami Vernier.
Les Figures pour le *Vieux Vagabond* et *Jacques*, sont en 4 états.
Le *Portrait en pied de Béranger*, par Charlet, gravé par Lacoste, sur Chine et sur blanc.
Le *Portrait de Béranger*, gravé par Leguay d'après Sandoz sur Chine.
Le Fac-simile d'une lettre de Béranger à M. Joseph Bernard.

Tome cinquième.

La suite des 8 figures des Chansons érotiques, en 2 états, avec la lettre et avant la lettre sur Chine (Les Figures pour *Jeannette.— Le Carnaval. — Le Pélérinage de Lisette*) sont en 3 états, dont l'eau-forte également sur Chine, sauf celle pour le *Carnaval* qui se trouve sur blanc, remontée.
Un frontispice d'après Rops, tiré en bleu sur papier vergé.
Neuf couvertures de Livraisons des vignettes pour les Chansons de Béranger.
Le Tirage à part de l'encadrement illustré des livraisons des vignettes, tiré sur Chine avant le texte.

**17. Béranger.** Œuvres complètes de P.-J. de Béranger. Edition illustrée par Grandville et Raffet. *Paris, H. Fournier, ainé, Perrotin,* 1837, 3 vol. gr. in-8, demi-rel. dos et coins de mar. bleu, dos ornés, fil., non rog. (*Allô*).

Belle édition ornée d'un portrait de Béranger, gravé sur acier par Hopwood, du fac-similé d'une lettre de Béranger à Grandville, et de la suite des 120 gravures sur bois d'après Grandville et Raffet, en **double épreuve** et sur **papier de Chine**.

**18. Béranger.** Œuvres complètes de P.-J. de Béranger. Nouvelle édition, format elzévirien, ornée de 7 gravures, gravées sur bois, d'après Daubigny. *Paris, Perrotin,* 1847, in-32, mar. bleu jans., dent. int., tr. dor. sur brochure (*Cuzin père*).

Rare.

19. **BÉRANGER.** Œuvres complètes de P.-J. de Béranger, nouvelle édition revue par l'auteur, illustrée de cinquante-deux belles gravures sur acier entièrement inédites, d'après les dessins de MM. Charlet, A. de Lemud, Johannot, Daubigny, Pauquet, Jacques, J. Lange, Penguilly, de Rudder, Raffet. *Paris, Perrotin*, 1847, 2 vol. — Dernières Chansons de P.-J. de Béranger de 1834 à 1851 avec une lettre et une préface de l'auteur. *Paris, Perrotin*, 1857, 1 vol. — Ma Biographie, ouvrage posthume de P.-J. de Béranger avec un appendice, orné d'un portrait en pied dessiné par Charlet et d'un supplément de 8 pages contenant 3 chansons : *Bondy, Vermine* et la *Rime. Paris, Perrotin*, 1857, 1 vol. — Ma Biographie, ouvrage posthume de P.-J. de Béranger avec un appendice et un grand nombre de notes inédites de Béranger sur ses Chansons. Deuxième édition. *Paris, Perrotin*, 1859, 1 vol. — Correspondance de Béranger, recueillie par Paul Boiteau. *Paris, Perrotin*, 1860, 4 vol. — Musique des Chansons de Béranger. Airs notés, anciens et modernes. Neuvième édition, revue par Frédéric Bérat, augmentée de la musique des chansons posthumes d'airs composés par Béranger, Halévy, Gounod et Laurent de Rillé, illustrée de 80 gravures sur bois d'après Grandville et Raffet. *Paris, Perrotin*, 1865, 1 vol. — Ens. 10 vol. in-8, demi-rel. dos et coins de mar. vert, dos ornés, fil., têtes dor., non rog., couv. (*Capé*).

Exemplaire contenant :

1° Le portrait de Béranger par Sandoz, et 52 gravures sur acier, tirées **sur Chine, avant la lettre**, sauf les 3 planches suivantes : *La Descente aux Enfers, Le Chant du Cosaque* et *l'Orphéon* qui sont tirées avec caches.

2° Une suite de 14 gravures sur acier par A. de Lemud, pour les *Dernières Chansons*, tirées sur **Chine avant la lettre**.

3° 1 portrait en pied, de Béranger, sa photographie, et 8 figures ou portraits, tirés en **2 états**, avec et **avant la lettre**, pour *Ma Biographie*. Première édition.

4° 1 portrait en pied de Béranger, sa photographie, et 8 figures ou portraits tirés sur Chine **avant la lettre**, pour la 2ᵉ édition de *Ma Biographie*.

5° Le **dessin original** au fusain du portrait de Béranger par Aug. Sandoz, en tête du tome 1ᵉʳ de la *Correspondance* et une épreuve du portrait sur Chine.

Le marbre de Béranger, photographié d'après Geoffroy-Dechaume.

20. **Béranger.** Chansons de P.-J. de Béranger, anciennes et posthumes. Nouvelle édition populaire, ornée de 161 dessins inédits et de vignettes nombreuses, par MM. Andrieux, Bayard, Crépon, Giacomelli, Riou, Worms, etc. *Paris, Perrotin,* 1866, in-4, fig., cart. dos et coins de mar. vert clair, non rog., couv.

<small>Première édition posthume des Œuvres complètes de Béranger.</small>

21. **BÉRANGER.** Collection de quinze vignettes destinées à orner les Chansons de P.-J. de Béranger. *Bruxelles,* 1827, in-12, demi-rel. dos et coins de mar. brun, dos orné, fil., non rog., couv., dans un emboîtage de format in-8, dos et coins de mar. brun, dos orné (*Allô*).

<small>Suite de 15 vignettes de Henri Monnier, lithographiées à la plume et coloriées au pinceau.
Les 3 vignettes : *La Bacchante, Le Bon Ménage, Les Révérends Péres,* se trouvent en 2 états, dont l'**avant la lettre**.</small>

22. **BÉRANGER.** Lithographies d'après les Chansons de Béranger, par Henry Monnier. (*Paris*), *Bernard et Delarue, s. d.*, in-4 oblong, demi-rel. dos et coins de mar. brun, dos orné de fil., ainsi que les plats, non rog., couv. (*Allô*).

<small>24 lithographies en couleurs. — Très rare.
Très bel exemplaire.</small>

23. **Béranger.** Portrait de Béranger, par A. Scheffer, gravé par S. W. Reynolds. *Paris, Schroth,* in-4, en feuilles.

<small>Epreuve en 2 états, avant la lettre et avec la lettre.</small>

24. **BERANGER.** Suite de 1 portrait de Béranger gravé par Pannier d'après Sandoz et de 52 belles gravures sur acier entièrement inédites, d'après les dessins de MM. Charlet, A. de Lemud, Johannot, Daubigny, Pauquet, Jacques, Penguilly, de Rudder, Raffet et Sandoz. *Paris, Perrotin,* 1847, in-4, demi-rel. dos et coins de mar. vert,

fil. à froid, tête dor., non rog., planches mont. sur onglets (*Arnaud*).

<small>Belles épreuves tirées sur **papier de Chine avant la lettre** et à toutes marges.
On y a ajouté 2 portraits de Béranger, dont 1 gravé par Reynolds d'après Scheffer, sur blanc avec lettre.</small>

25. **Béranger.** Suite de 1 portrait de Béranger gravé par Pannier d'après Sandoz et de 52 belles gravures sur acier entièrement inédites, d'après les dessins de MM. Charlet, A. de Lemud, Johannot, Daubigny, Pauquet, Jacques, Penguilly, de Rudder, Raffet et Sandoz. *Paris, Perrotin*, 1847, en 1 vol. gr. in-8, demi-rel. chag. rouge.

26. **Béranger.** Suite de figures complémentaires pour l'édition de *Paris, Perrotin*, 1847, 14 pièces in-8 à toutes marges.

    <small>Portrait de Béranger par de Lemud, gravé par Collin et Doherty.
    Frontispice par Lemud, gravé par Pelée, eau-forte pure, eau-forte avancée, épreuve sur Chine avant la lettre.
    Le Chant du Cosaque, par Penguilly, Chine avec lettre.
    Les Bohémiens, avant lettre sur blanc.
    Le Grenier, eau-forte avancée.
    Les Pauvres Amours, eau-forte sur blanc.
    Descente aux enfers, par Penguilly, Chine avec la lettre, Chine avant la lettre (tiré avec cache).
    Le Juif Errant, eau-forte pure, eau-forte avancée, épreuve d'artiste, gravées par De Marc ; épreuve avant la lettre gravée par Wittmann.</small>

27. **Béranger.** Dernières Chansons. Suite de 14 gravures par A. de Lemud, publ. par Perrotin, gr. in-8, en feuilles à toutes marges.

    <small>Epreuves tirées sur papier de **Chine avant la lettre**.</small>

28. **Béranger.** Ma Biographie. Suite de 1 portrait en pied dessiné par Charlet, d'une photographie d'après le marbre de Geoffroy-Dechaume, et de 8 gravures d'après Daubigny, Sandoz et Wattier. *Paris, Perrotin*, 1860, gr. in-8, en feuilles à toutes marges.

    <small>Epreuves tirées sur papier de **Chine avant la lettre**.
    On a ajouté : la gravure de *la Closerie des lilas*, en épreuve refusée, tirée sur blanc avant la lettre. Rare.</small>

29. **Boileau**. Œuvres. Suite de 1 portrait et 20 vignettes dessinées et gravées à l'eau-forte par V. Foulquier. *Tours, A. Mame et fils*, 1870, gr. in-8, en feuilles à toutes marges.

<small>Epreuves avant la lettre sur **papier de Chine**.</small>

30. **BOUFFLERS** (Stanislas de). **Aline**, Reine de Golconde, conte, par le chevalier Stanislas de Boufflers (Illustrations de Lynch, gravées par Gaujean). *Paris, gravé et imprimé pour la Société des Amis des Livres*, 1887, in-8, demi-rel. dos et coins de mar. bleu, dos orné, fil. sur les plats, non rog., couv. (*Cuzin père*).

<small>Edition tirée à **115** exemplaires numérotés à la presse.
Exemplaire (n° 24) au nom de M. O. Daguin (*sic*).</small>

31. **BRILLAT-SAVARIN**. Physiologie du Gout de Brillat-Savarin, avec une préface par Ch. Monselet. Eaux-fortes par Ad. Lalauze. *Paris, Librairie des Bibliophiles*, 1879, 2 vol. in-8, port. et fig., demi-rel. dos et coins de mar. rouge, dos ornés, fil., non rog., couv. (*Allô*).

<small>L'un des **20** exemplaires sur **papier de Chine** (n° 7) contenant les gravures en double état, *avec* et *avant la lettre*.</small>

32. **Cervantès**. L'Ingénieux Hidalgo Don Quichotte de la Manche, par Miguel de Cervantès Saavedra, traduit et annoté par Louis Viardot. Vignettes de Tony Johannot. *Paris, J.-J. Dubochet et Cie*, 1836-1837, 2 vol. gr. in-8, demi-rel. dos et coins de mar. bleu, dos ornés, fil. sur les plats, têtes dor., ébarbés (*David*).

<small>Exemplaire de premier tirage.</small>

33. **CERVANTÈS**. Engravings illustrative of don Quixote from pictures by Robert Smirke esq. R. A. *Published, August, 12, 1817, by badell et Davies, Strand. London*, in-fol., demi-rel. dos et coins de mar. rouge, dos orné, fil. sur les plats, non rog. (*Thouvenin*).

<small>Suite de 73 gravures d'après Smirke pour illustrer *Don Quichotte*.
Epreuves **avant la lettre**, tirées sur **Chine**, à toutes marges.</small>

**34. Cervantès.** Vingt-quatre eaux-fortes pour illustrer Don Quichotte de Cervantès, 16 pièces. — Don Guzman d'Alfarache de Lesage, 6 pièces. — Lazarille, de Tormès, 2 pièces ; dessinées et gravées pour une traduction anglaise, par Ricardo de Los Rios. *Paris, P. Rouquette*, 1880, in-4, en feuilles à toutes marges.

<small>Epreuves sur **papier du Japon** avant la lettre.</small>

**35. CHANTS et CHANSONS POPULAIRES de LA FRANCE.** *Paris, H.-L. Delloye*, 1843, 3 vol. — Chansons populaires des provinces de France, notices par Champfleury, accompagnement de piano par J.-B. Wekerlin. Illustrations par MM. Bida, Bracquemond, Catenacci, Flameng, Ch. Jacque, Ed. Morin, Staal, etc..... *Paris, Bourdillat et Cie*, 1860, 1 vol. Ens. 4 vol. gr. in-8, cart. vélin vert, non rog., couv.

<small>Bel exemplaire de premier tirage possédant les couvertures très fraîches pour les trois volumes.
Magnifique édition supérieurement illustrée de vignettes sur acier, épousant le texte gravé, d'après Trimolet, Daubigny, Grandville, Meissonier, Steinheil, etc.
On a ajouté à cet exemplaire :
1º Un **dessin original** de **Steinheil** pour *La Tour prends garde*.
2º Le **Tirage à part** sur **Chine** des **4** figures de Meissonier pour *Manon la Couturière*.
3º **2 épreuves d'état** de Trimolet pour le *Refrain du Chasseur*.
De la Bibliothèque de M. le Barbier de Tinan, avec son ex-libris.</small>

**36. CHATEAUBRIAND.** Atala-René, par Fr.-Aug. de Chateaubriand. *Paris, Le Normant*, 1805, in-12, fig., mar. vert, compart. de fil. droits et au pointillé, 5 sur le dos et 6 sur les plats, ornem. aux angles, dent. int., tr. dor. sur brochure (*Cuzin père*).

<small>6 figures par Barth, Garnier, gravées par Saint-Aubin et Choffard.
Superbe exemplaire en **grand papier** contenant les figures en **3 états**, **eaux-fortes, avant la lettre** et avec la lettre.
On lit sur le faux-titre. Donné par l'auteur à M. le Comte de Bonneval.</small>

**37. Chevigné** (Comte de). Contes rémois (par le Comte de Chevigné). *Paris, Firmin-Didot frères*. — *Delaunay*, 1836, in-12, br., couv.

<small>Première édition des *Contes rémois* sous ce titre. Elle contient 17 contes.</small>

38. **Chevigné** (Comte de). Contes rémois (par le Comte de Chevigné). *Paris, Firmin-Didot frères,* 1839, in-12, demi-rel. dos et coins de mar. vert, dos orné, fil. sur les plats, tête dor., non rog., couv.

<small>Même édition que celle de 1836, avec un nouveau titre. De plus on a ajouté les pages 123 à 176.</small>

39. **Chevigné** (Comte de). Contes rémois (par le Comte de Chevigné). Illustrations par M. Perlet. *Paris, Hetzel,* 1843, in-8, titre orné d'une vignette (le Comte de Chevigné assis), gravée par Brunot, et 30 eaux-fortes hors texte, demi-rel. dos et coins de mar. orange, dos orné à petits fers, fil. sur les plats, tête dor., non rog. (*Allô*).

<small>Première édition illustrée. Elle contient le conte de *Colin-Maillard assis*, qui n'a été illustré que dans cette édition.</small>

40. **CHEVIGNÉ** (Comte de). Les Contes rémois, par M. le C$^{te}$ de C... (Comte de Chevigné). Dessins de E. Meissonier. Troisième édition. *Paris, Michel Lévy frères,* 1858, in-8, portraits et vignettes, plein chag. La Vallière foncé, encadrem. de fil. dor. et à froid sur le dos et les plats, dent. int., tête dor., non rog.

<small>Premier tirage des figures de Meissonier.
Bel exemplaire en **grand papier de Hollande**, avec les figures de Meissonier tirées sur **papier de Chine**, on a ajouté le portrait de Meissonier peint par lui même, gravé par T.-C. Regnault, épreuve tirée sur papier de Chine avant toute lettre.
Envoi autographe signé de l'auteur, à Madame Nadar.</small>

41. **Chevigné** (Comte de). Les Contes rémois, par M. le C$^{te}$ de C... (Comte de Chevigné). Dessins de E. Meissonier. Troisième édition. *Paris, Michel Lévy frères,* 1858, in-8, portraits et vignettes, demi-rel. dos et coins de mar. bleu, dos orné à petits fers, fil. sur les plats, non rog., couv. (*Allô*).

<small>Premier tirage des figures de Meissonier.
Exemplaire en grand papier vélin, auquel on a ajouté le portrait de Meissonier peint par lui-même, gravé par T.-C. Regnault, épreuve tirée sur papier de Chine.</small>

42. **Chevigné** (Comte de). Les Contes rémois, par M. le C$^{te}$ de C... (Comte de Chevigné). Dessins de E. Meissonier. Troisième édition. *Paris, Michel Lévy frères*, 1858, in-12, portraits et vignettes, demi-rel, dos et coins de mar. bleu, dos orné à petits fers, fil. sur les plats, non rog., couv. (*Allô*).

<small>Premier tirage des figures de Meissonier.</small>

43. **Chevigné** (Comte de). Les Contes rémois, par M. le C$^{te}$ Louis de Chevigné. Dessins de E. Meissonier (et Foulquier). Quatrième édition. *Paris, Michel Lévy frères*, 1861, in-12, portraits et vignettes, demi-rel. dos et coins de mar. rouge, dos orné, fil. sur les plats, non rog., couv. (*Allô*).

<small>Cette édition contient 9 contes nouveaux illustrés par Foulquier.</small>

44. **Chevigné** (Comte de). Les Contes rémois. Dessins de E. Meissonier (et Foulquier). Sixième édition. *Paris, Michel Lévy frères*, 1864, in-16, texte encadré de filets noirs, portraits et vignettes, demi-rel. dos et coins de mar. citron, dos orné, fil. sur les plats, tête dor., non rog.

<small>Cette édition contient 4 contes nouveaux illustrés par Foulquier.
Exemplaire sur papier vélin teinté contenant 2 feuillets supplémentaires pour l'*Oncle et ses deux Nièces* et pour *Colin-Maillard assis*, et **deux dessins originaux** au crayon, non signés.
On a ajouté une lettre autographe de l'auteur adressée à M. Claye l'imprimeur.</small>

45. **Chevigné** (Comte de). Les Contes rémois, dessins de E. Meissonier (et Foulquier). Sixième édition. *Paris, Michel Lévy frères*, 1864, in-16, texte encadré de fil. noirs, portraits et vignettes, demi-rel. dos et coins de mar. La Vallière foncé, dos orné, fil. sur les plats, non rog., couv. (*Allô*).

<small>Cette édition contient 4 contes nouveaux illustrés par Foulquier.
Exemplaire tiré sur papier rose.</small>

46. **Chevigné** (Comte de). Les Contes rémois. Dessins de E. Meissonier. Septième édition. *Paris, Librairie de*

*l'Académie des Bibliophiles*, 1868, in-12, portraits et vignettes, demi-rel. dos et coins de mar. La Vallière, dos orné à petits fers, fil. sur les plats, non rog., couv. (*Allô*).

<small>Cette édition contient 3 contes nouveaux.</small>

47. **Chevigné** (Comte de). Les Contes rémois. Neuvième édition. *Paris, Librairie des bibliophiles*, 1871, in-16, titre r. et n., cart. vélin vert, non rog.

<small>L'un des **30** exemplaires tirés sur **papier de Chine** (n° 9).</small>

48. **COLLECTION DES CLASSIQUES FRANÇAIS** (avec les notes de tous les commentateurs). *Paris, Lefèvre (Imprimerie de Jules Didot l'aîné)*, 73 vol. gr. in-8, demi-rel. dos et coins de mar., non rog.

<small>**Superbe exemplaire** en **grand papier jésus vélin** de cette collection estimée et rare.
En voici le détail :</small>

1° Œuvres de BOILEAU, avec un nouveau commentaire par M. Amar. *A Paris, chez Lefèvre*, 1824, 4 vol. gr. in-8, port. grav. par Sisco, mar. rouge à longs grains, dos ornés dans le goût romantique, non rog. (*Thouvenin*).

<small>Exemplaire auquel on a ajouté :
1° Un portrait, d'après Rigault, gravé par Lignon, avant la lettre, en 2 états dont l'un sur Chine.
2° 6 figures d'après Desenne, pour le *Lutrin*, gravées par Adam, Chollet, Burdet, Larcher et Lorichon, avant la lettre, en 2 états dont l'un sur Chine.</small>

2° Discours sur l'Histoire universelle par BOSSUET. Edition augmentée des nouvelles additions et des variantes de texte. *A Paris, chez Lefèvre*, 1825, 2 vol. gr. in-8, demi-rel. dos et coins de mar. brun à longs grains, dos ornés dans le goût romantique, non rog. (*Thouvenin*).

3° Oraisons funèbres de BOSSUET, avec des notes de tous les commentateurs, suivies du sermon sur l'Unité de l'Eglise. *A Paris, chez Lefèvre*, 1825, gr. in-8, portrait, demi-rel. dos et coins de mar. brun à longs grains, dos orné dans le goût romantique, non rog.

4° Œuvres de P. CORNEILLE, avec les notes de tous les commentateurs. *A Paris, chez Lefèvre*, 1824, 12 vol. gr. in-8, portrait, demi-rel. dos et coins de mar. bleu à longs grains, dos ornés aux petits fers, non rog. (*Thouvenin*).

5° Œuvres de CRÉBILLON, avec les notes de tous les commentateurs. Edition publiée par M. Parrelle. *A Paris, chez Lefèvre*, 1828, 2 vol. gr. in-8, portrait, demi-rel. dos et coins de mar. vert clair à longs grains, dos ornés et mosaïqués, non rog. (*Thouvenin*).

6° Aventures de Télémaque, par FÉNELON, avec des notes géographiques et littéraires. *A Paris, chez Lefèvre*, 1824, 2 vol. gr. in-8, portrait, demi-rel. dos et coins de mar. vert à longs grains, dos ornés aux petits fers, non rog. (*Thouvenin*).

7° Œuvres diverses de FÉNELON. *A Paris, chez Lefèvre*, 1824, gr. in-8, portrait, demi-rel. dos et coins de mar. vert à longs grains, dos orné aux petits fers, non rog.

8° Oraisons funèbres de FLÉCHIER, suivies des oraisons funèbres de Turenne, par Mascaron ; du prince de Condé, par Bourdaloue. *A Paris, chez Lefèvre*, 1826, gr. in-8, portrait, demi-rel. dos et coins de mar. La Vallière, dos orné aux petits fers, non rog.

Exemplaire, auquel on a ajouté 3 portraits, dont 2 de Turenne et 1 de Condé.

9° Les Caractères de LA BRUYÈRE, suivis des caractères de Théophraste, traduits du grec par le même. *A Paris, chez Lefèvre*, 1824, 2 vol. gr. in-8, portrait, demi-rel. dos et coins de mar. vert foncé à longs grains, dos ornés dans le goût romantique, non rog.

10° Œuvres de LA FONTAINE. Nouvelle édition, revue, mise en ordre et accompagnée de notes par C.-A. Walckenaer. *A Paris, chez Lefèvre*, 1827, 6 vol. gr. in-8, portrait, demi-rel. dos et coins de mar. bleu à longs grains, dos ornés dans le goût romantique, non rog.

11° Réflexions ou Sentences et Maximes morales de LA ROCHEFOUCAULD. *A Paris, chez Lefèvre*, 1827, gr. in-8, portrait, demi-rel. dos et coins de mar. brun à longs grains, dos orné aux petits fers, non rog.

12° Histoire de Gil Blas de Santillane, par LE SAGE ; avec des notes historiques et littéraires par M. le Comte François de Neufchateau. *A Paris, chez Lefèvre*, 1825, 3 vol. gr. in-8, portrait, demi-rel. dos et coins de mar. vert, dos ornés dans le goût romantique, non rog.

13° Œuvres choisies de MALHERBE, avec des notes de tous les commentateurs ; édition publiée par L. Parrelle. *A Paris, chez Lefèvre*, 1825, 2 vol. gr. in-8, portrait, demi-rel. dos et coins de mar. lie de vin à longs grains, dos ornés aux petits fers, non rog. (*Thouvenin*).

14° Petit Carême de MASSILLON, suivi des Sermons sur la mort du pécheur et la mort du Juste, sur l'enfant prodigue, sur le petit nombre des élus, sur la mort, sur l'aumône, et de l'oraison funèbre de Louis XIV. *A Paris, chez Lefèvre*, 1824, in-8, portrait, demi-rel. dos et coins de mar. vert à longs grains, dos orné aux petits fers, non rog.

15° Œuvres complètes de MOLIÈRE, avec les notes de tous les commentateurs. Edition publiée par L. Aimé-Martin. *Paris, chez Lefèvre*, 1824-1826, 8 vol. gr. in-8, portrait, demi-rel. dos et coins de mar. vert, dos ornés aux petits fers, non rog. (*Thouvenin*).

Bel exemplaire auquel on a ajouté la suite du portrait et des figures de Desenne, épreuves sur blanc, avant la lettre.

16° Essais de Michel de MONTAIGNE, avec les notes de tous les commentateurs. Edition publiée par J.-V. Le Clerc. *A Paris, chez Lefèvre*, 1826, 5 vol. gr. in-8, portrait, demi-rel. dos et coins de mar. La Vallière à longs grains, dos ornés dans le goût romantique, non rog.

17° Œuvres de MONTESQUIEU, avec les notes de tous les commentateurs. Edition publiée par L. Parrelle. *A Paris, chez Lefèvre*, 1826, 8 vol. gr. in-8, portrait, demi-rel. dos et coins de mar. violet à longs grains, dos ornés, compart. dorés, non rog. (*Thouvenin*).

Exemplaire sur grand papier vélin, auquel on a ajouté un portrait de Montesquieu par Devéria, gravé par Müller, en 2 états, tirés sur Chine, dont l'eau-forte pure.

18° Lettres écrites à un provincial, par Blaise PASCAL, précédées d'un essai sur les provinciales et sur le style de Pascal. *A Paris, chez Lefèvre*, 1824, gr. in-8, demi-rel. dos et coins de mar. La Vallière à longs grains, dos orné de compart. dor. dans le goût romantique, non rog.

19º Les Pensées de BL. PASCAL, suivies d'une nouvelle table analytique. *A Paris, chez Lefèvre*, 1826, gr. in-8, portrait, demi-rel. dos et coins de mar. La Vallière à longs grains, dos orné dans le goût romantique, non rog.

20º Œuvres complètes de RACINE, avec les notes de tous les commentateurs. Quatrième édition publiée par L. Aimé-Martin. *A Paris, chez Lefèvre*. 1825, 7 vol. gr. in-8, portrait, dos ornés de compart. dor. à petits fers, non rog. (*Thouvenin*).

Bel exemplaire auquel on a ajouté la suite du Portrait et des figures de Desenne, épreuves sur Chine avant la lettre.

21º Œuvres poétiques de J.-B. ROUSSEAU, avec un commentaire, par M. Amar. *A Paris, chez Lefèvre*, 1824, 2 vol. gr. in-8, portrait, demi-rel. dos et coins de mar. rouge à longs grains, dos ornés aux petits fers, non rog.

**49. COLLECTION DES GRANDS ÉCRIVAINS DE LA FRANCE**, publiée sous la direction de M. Ad. Régnier, sur les Manuscrits, les copies les plus authentiques et les plus anciennes impressions, avec variantes, notices, portraits, etc., etc. *Paris, Librairie Hachette et Cie*, 1862-1900, 106 vol. gr. in-8 (*Sera divisé*).

Exemplaires sur **grand papier vélin**, dont voici le détail :

1º Œuvres de P. CORNEILLE. Nouvelle édition, revue sur les plus anciennes impressions et les autographes et augmentée de morceaux inédits, des variantes, de notices, de notes, d'un lexique des mots et locutions remarquables, d'un portrait, d'un fac-similé, etc., par M. Ch. Marty-Laveaux. *Paris, Hachette et Cie*, 1862, 12 vol. gr. in-8 et Album, demi-rel. dos et coins de mar. bleu, dos orné, fil. sur les plats, tête dor., non rog. (*Cuzin père*).

Bel exemplaire auquel on a ajouté :
1º Un frontispice par Pierre, gravé par Watelet, et 34 figures par Gravelot, pour l'édition de 1764 (remontées).
2º Portraits de P. et Th. Corneille, et 23 figures par Moreau et 1 de Prudhon, pour l'édition Renouard, épreuves avec la lettre.
3º Le portrait de Pierre Corneille, gravé par Ficquet d'après Lebrun (remonté).

On a ajouté un **Album de figures**, même format et même reliure, contenant :
1° Portraits de P. et Th. Corneille, et 34 figures in-12, pour une édition du commencement du XVIII° siècle (remontées).
2° Frontispice par Pierre, gravé par Watelet, et 34 figures par Gravelot. Plus 13 des mêmes figures (dont 9 **avant la lettre**, et 4 à l'état d'**eaux-fortes**) pour l'édition de 1764 (remontées).
3° Frontispice par Pierre, gravé par Watelet, et 34 figures par Gravelot, avec un encadrement varié, pour l'édition de 1774.
4° La suite des 23 figures de Moreau et 1 de Prudhon, en 3 états, avec la lettre et avant la lettre sur blanc, et eaux-fortes sur Chine volant. — (La figure avant la lettre de Nicomède est sur Chine volant au lieu d'être sur blanc). — Trois figures de Moreau et celle de Prudhon à l'état d'eau-forte sont tirées en plus sur papier jonquille.
5° Portraits de Pierre et Thomas Corneille, et 15 figures in-12 de Devéria, en 3 états avec la lettre, avant la lettre, et eaux-fortes.
6° Portrait de Pierre Corneille et 18 portraits en pied, par Geffroy, gravés par L. Wolff, épreuves en 2 états, sur Chine avec la lettre, et en couleurs sur blanc avec la lettre. Pub. par Laplace.
7° Le portrait de Pierre Corneille gravé par Ficquet, d'après Lebrun (en 2 épreuves).
8° Le portrait de Pierre Corneille dessiné et gravé par A. Saint-Aubin, avec la lettre.
9° Le portrait de Pierre Corneille, par A. Saint-Aubin, en 2 états, avec la lettre blanche, et eau-forte (ce dernier remonté).
10° Le même portrait, in-12, même état que ci-dessus (remonté).
11° Le Portrait de Pierre Corneille, gravé par Taurel, épreuve sur Chine avant la lettre.

2° Œuvres de LA BRUYÈRE. Nouvelle édition revue sur les plus anciennes impressions et les autographes et augmentée de morceaux inédits, des variantes, de notices, de notes, d'un lexique des mots, etc., par M. G. Servois. *Paris, Librairie de L. Hachette et Cie*, 1865-1878, 3 tomes en 4 vol. gr. in-8 et 1 album, demi-rel. dos et coins de mar. rouge, dos ornés, fil. sur les plats, têtes dor., non rog., couv. (*Cuzin père*).

On a ajouté à la fin de l'album. Une suite de 1 portrait et 17 vignettes gravées à l'eau-forte par V. Foulquier, épreuves sur Chine avant la lettre à toutes marges, publiées par Mame.

3° Œuvres de J. de LA FONTAINE. Nouvelle édition par M. Henri Regnier. *Paris, Librairie Hachette et Cie*, 1883, 18 vol. gr. in-8 et album, br., couv.

4° Œuvres de LA ROCHEFOUCAULD. Nouvelle édition revue sur les plus anciennes impressions et les autographes, et augmentée, de morceaux inédits, des variantes, de notices, etc., par M. D. L. Gilbert. *Paris, Librairie de L. Hachette et Cie*, 1868-1883, 3 vol. gr. in-8 et 1 album, demi-rel. dos et coins de mar. La Vallière clair, dos ornés, fil. sur les plats, têtes dor., non rog., couv. (*Cuzin père*).

5° Œuvres de MALHERBE, recueillies et annotées par M. L. Lalanne. Nouvelle édition revue sur les autographes, les copies les plus authentiques et les plus anciennes impressions et augmentée de notices, de variantes, de notes, d'un lexique des mots, etc. *Paris, Librairie de L. Hachette et Cie*, 1862-69, 5 vol. gr. in-8 et 1 album, demi-rel. dos et coins de mar. vert, dos ornés, fil. sur les plats, têtes dor., non rog. (*Cuzin père*).

6° Œuvres de MOLIÈRE. Nouvelle édition, revue sur les plus anciennes impressions et augmentée par M. Eugène Despois. *Paris, Librairie Hachette et Cie*, 1873-1895, 13 vol. et 1 album, gr. in-8, br., couv.

7° Œuvres de Blaise PASCAL. Nouvelle édition d'après les manuscrits autographes, les copies authentiques et les éditions originales, par M. Prosper Faugère. *Paris, Librairie Hachette et Cie*, 1886-1895, 2 vol. gr. in-8, br., couv.

8° Œuvres de RACINE. Nouvelle édition, revue sur les plus anciennes impressions et les autographes, et augmentée de morceaux inédits, de variantes, de notices, de notes, d'un lexique des mots, etc., par M. Paul Mesnard. *Paris, Librairie de L. Hachette et Cie*, 1865-1873, 8 vol. plus 1 vol. de musique et 1 album. Ens. 10 vol. gr. in-8, demi-rel. dos et coins de mar. rouge, dos ornés, fil. sur les plats, têtes dor., non rog., couv. (*Cuzin père*).

9° Œuvres du Cardinal de RETZ. Nouvelle édition revue sur les autographes et les plus anciennes impressions, par MM. A. Feillet, J. Gourdault et R. Chantelauze. *Paris, Librairie L. Hachette et Cie*, 1872-96, 10 vol. gr. in-8, br., couv.

10° Lettres de Madame de SÉVIGNÉ, de sa famille et de ses amis, recueillies et annotées par M. Monmerqué. Nouvelle édition, revue sur les autographes, les copies les plus authentiques et les plus anciennes impressions et augmentée, de lettres inédites, d'une nouvelle notice, d'un lexique de mots, etc. *Paris, Librairie de L. Hachette et Cie*, 1862-1866, 14 vol. et 1 album. — Lettres inédites de Madame de Sévigné à Madame de Grignan sa fille, extraites d'un ancien manuscrit, publiées pour la première fois, annotées et précédées d'une introduction, par Charles Capmas. *Paris, Librairie Hachette et Cie*, 1876, 2 vol. Ens. 17 vol.

gr. in-8, demi-rel. dos et coins de mar. vert olive, dos ornés, têtes dor., non rog. (*Cuzin père*).

<small>Exemplaire sur grand papier vélin, contenant le *dessin original* du portrait de M$^{me}$ de Sévigné, par A. Sandoz, avec cette inscription « dessin de mon père pour les grands Ecrivains. A. Sandoz ».</small>

11° Mémoires de SAINT-SIMON. Nouvelle édition collationnée sur le manuscrit autographe, par M. de Boislile. *Paris, Librairie Hachette et Cie*, 1879-1900, 15 vol. gr. in-8, br., couv.

12° Ecrits inédits de SAINT-SIMON, publiés sur les manuscrits conservés au dépôt des Affaires étrangères, par M. P. Faugère. *Paris, Librairie Hachette et Cie*, 1880-1893, 8 vol. gr. in-8, br., couv.

50. **Collection stéréotype d'Herhan.** *Paris*, 1805-1813, 24 vol. in-12, mar. rouge, dent. int., têtes dor., non rog.

<small>Exemplaire sur papier fin.
Le Diable Boîteux, augmenté des Béquilles du Diable Boîteux, par Le Sage, figures de Marillier. 2 vol. — Histoire de Guzman d'Alfarache, par Le Sage, figures de Marillier, et figures de Devéria ajoutées, *avant la lettre*. 2 vol. — Le Bachelier de Salamanque ou mémoires et aventures de Don Chérubin de la Ronda, par Le Sage, figures de Marillier et figures de Devéria ajoutées *avant la lettre*. 2 vol. — Le Doyen de Killerine. Histoire morale, par l'Abbé Prévost, figures de Marillier. 4 vol. — Mémoires et aventures d'un homme de qualité qui s'est retiré du monde, figures de Marillier, en 2 états. 3 vol. — Histoire du Chevalier des Grieux et de Manon Lescaut, par l'Abbé Prévost. 1 vol. — Histoire de M. Cleveland, fils naturel de Cromwell, écrite par lui-même, traduite de l'Anglais par l'Abbé Prévost. Figures de Marillier, en 2 états. 6 vol. — Histoire de Gil Blas de Santillane, par Le Sage. 4 figures de Marillier ; 1 portrait et 128 figures ajoutées dont : 51 de Bornet, 3 de Devéria, 24 de Smirke, 43 de Charpentier et 7 de Duplessis-Bertaut ; 4 vol.</small>

51. **Constant** (Benjamin). Adolphe. Portrait gravé par Courboin, d'après Desmarais, préface par Paul Bourget. *Paris, L. Conquet*, 1889, in-16, br., couv.

<small>L'un des **200** exemplaires tirés sur papier vélin du Marais, non mis dans le commerce.</small>

52. **Cormenin.** Entretiens de Village, par M. de Cormenin. Huitième édition, illustrée de 40 gravures. *Paris, Pagnerre*, 1847, in-12, br., couv.

<small>Premier tirage.</small>

53. **Corneille.** Œuvres de P. Corneille, avec le commentaire de Voltaire sur les pièces de théâtre, et des observations critiques sur ce commentaire, par le citoyen Palissot. Edition complète, dédiée au premier Consul de la République française. *Paris, de l'imprimerie de P. Didot l'ainé, an IX* (1801), 12 vol. gr. in-8, demi-rel. dos et coins de mar. vert, dos ornés à petits fers et au pointillé, fil. sur les plats, tête dor., non rog. (*Vve Brany*).

    Exemplaire sur papier vélin, auquel on a ajouté :
La suite de 1 frontispice par Pierre, gravé par Watelet, représentant le Génie couronnant le buste de Corneille, et 82 figures de Gravelot dans un encadrement varié.

54. **Corneille.** Théâtre. Suite de 1 portrait et 25 vignettes dessinées par MM. Foulquier et Barrias, et gravées à l'eau-forte par V. Foulquier. *Paris, D. Morgand,* 1879, gr. in-8, en feuilles, à toutes marges.

    Epreuves **avant la lettre** sur **papier de Chine.**

55. **DAUDET** (Alphonse). Fromont jeune et Risler aîné. Mœurs parisiennes, notice littéraire par Gustave Geffroy ; Douze compositions de Em. Bayard, gravées à l'eau-forte par J. Massard. *Paris, L. Conquet,* 1885, 2 vol. in-8, demi-rel. dos et coins de mar. bleu, dos ornés de 6 filets droits, courbés et au pointillé, fil. sur les plats, non rog., couv. (*Cuzin père*).

    L'un des exemplaires tirés **sur papier du Japon** (n° 83), contenant **3 états** des gravures (eau-forte pure, avant la lettre et avec la lettre).
La première gravure est en 4 états.

56. **Defoë.** Aventures de Robinson Crusoé, par Daniel Defoë, traduction nouvelle. Edition illustrée par Grandville. *Paris, H. Fournier aîné,* 1840, gr. in-8, demi-rel. dos et coins de mar. vert, dos orné, fil., non rog., couv. (*Allô*).

    Premier tirage.
Ouvrage illustré de 1 frontispice sur Chine volant, 40 grandes compositions à part, et de nombreuses vignettes dans le texte.

57. **Demoustier.** Lettres à Emilie sur la mythologie, par C.-A. Demoustier. *Paris, Ménard et Desenne,* 1817, 6 parties en 3 vol. in-18, fig., mar. rouge, dos ornés, fil. et guirlandes de roses, encadrem. sur les plats, gardes de pap. argenté, tr. dor. (*Rel. de l'époque*).

58. **Le Diable à Paris** — Paris et les Parisiens — mœurs et coutumes, caractères et portraits des habitants de Paris, tableau complet de leur vie privée, politique, artistique, etc., etc... Texte par MM. George Sand, Frédéric Soulié, Charles Nodier, de Balzac, Alphonse Karr, Gérard de Nerval, Th. Gautier, etc..... précédé d'une histoire de Paris par Théophile Lavallée. Illustrations, les Gens de Paris — Séries de gravures avec légendes, par Gavarni. Paris comique — Vignettes par Bertall, etc... *Paris, publié par J. Hetzel,* 1845, 2 vol. gr. in-8, demi-rel. dos et coins de mar. rouge, dos ornés aux petits fers, fil., non rog., couv. (*Allô*).

<small>Premier tirage. Exemplaire à toutes marges avec les couvertures.
Edition illustrée de 212 planches hors texte gravées sur bois, dont 208 de Gavarni et 4 de Bertall, et plus de 880 vignettes dans le texte.</small>

59. **DIDEROT.** Jacques le fataliste et son maître, par Diderot. Douze dessins de Maurice Leloir, gravés à l'eau-forte par Courtry, de Los Rios, Mongin, Teyssonnières. *Paris, Imprimé pour les Amis des Livres, par G. Chamerot,* 1884, gr. in-8, demi-rel. dos et coins de mar. brun, ornem. de 8 fil. droits, courbés et au pointillé sur le dos, fil. sur les plats, non rog., couv. (*Cuzin père*).

<small>Edition tirée à **138** exemplaires numérotés sur **papier du Japon**, contenant deux suites des gravures (eau-forte et avant la lettre) et deux planches refusées, également en double état.
Exemplaire n° 18 au nom de M. Daguin.</small>

60. **Diderot.** Le Neveu de Rameau, satire par Denis Diderot, revue sur les textes originaux et annotée par Maurice Tourneux. Portrait et illustrations par F.-A. Milius. *Paris,*

P. *Rouquette*, 1884, gr. in-8, demi-rel. dos et coins de mar. La Vallière, dos orné, fil., non rog., couv. (*Cuzin père*).

<blockquote>L'un des 150 exemplaires sur papier du Japon (n° 20), contenant le tirage à part de toutes les gravures, avant la lettre.</blockquote>

61. **Du Camp** (Maxime). Une histoire d'Amour, par Maxime Du Camp. — Suite de 1 portrait gravé par A. Lamotte, 8 compositions de P. Blanchard, gravées par Buland. *Paris, L. Conquet*, 1888, en feuilles, dans un carton.

<blockquote>Epreuves en 2 états, avant la lettre et eaux-fortes pures, tirées sur papier de Hollande.</blockquote>

62. **Du Camp** (Maxime). Une histoire d'Amour, par Maxime Du Camp. 1 portrait gravé par A. Lamotte, 8 compositions de P. Blanchard, gravées par Buland. *Paris, L. Conquet*, 1888, in-16, br., couv.

<blockquote>Exemplaire tiré sur papier vergé du Marais (n° 67), avec 2 états des planches.</blockquote>

63. **Dumas fils** (Alexandre), La Dame aux Camélias. Préface de Jules Janin. Edition illustrée par Gavarni. *Paris, Gustave Havard*, 1858, gr. in-8, br.

<blockquote>Premier tirage, avec la couverture.
Edition ornée de 20 planches hors texte gravées sur bois.</blockquote>

64. **Dupont** (Pierre). Chants et Chansons (poésies et musique) de Pierre Dupont, ornés de gravures sur acier, d'après T. Johannot, Andrieux, C. Nanteuil, Gavarni, Beaucé, Staal, etc., etc. *Paris, A. Houssiaux.— Lécrivain et Toubon*, 1852-1859, 4 vol. in-8 écu, portr. et fig., demirel. dos et coins de mar. bleu, dos orné, fil. sur les plats, non rog., couv. (*Allô*).

65. **Estampes de Freudeberg et de Moreau** pour le Monument du Costume, gravées par Dubouchet. *A Paris, 1883, chez L. Conquet, 5, rue Drouot*, 3 vol. gr. in-8,

demi-rel. dos et coins de mar. bleu, dos ornés de filets et de perles, non rog. (*Cuzin père*).

<small>L'un des **20** exemplaires sur **papier du Japon** (n° 15), contenant les eaux-fortes en **3 états** dont l'eau-forte pure.
Edition entièrement gravée. Notices par J. Grand-Carteret et Ph. Burty.
L'illustration se compose de deux portraits de Freudeberg et de Moreau, de 2 titres gravés et de 36 planches.</small>

66. **ÉVANGILES** (Les) des dimanches et fêtes de l'année, suivis de prières à la Sainte Vierge et aux saints. Texte revu par M. l'abbé Delaunay. *Paris, L. Curmer*, 1864, 3 part. en 2 vol. in-4, fig. et riches encadrements, mar. rouge, sur le plat supérieur armoiries plaquées en métal ; aux angles, médaillons représentant les principaux saints, sur le second plat, croix en métal, et aux angles, médaillons avec figures symboliques, dent. int., doublures et gardes de moire verte parsemées d'un chiffre couronné, fermoirs, tr. rouges avec fleurs de lys dorées.

<small>Exemplaire aux armes du marquis de Nerli.
Publication splendide reproduisant par la chromolithographie, en or et couleurs, les plus riches miniatures du moyen âge et de la renaissance ; les encadrements sont variés et d'une grande richesse d'exécution.
Le volume de l'Appendice est en demi-rel.</small>

67. **Florian**. Fables de Florian, illustrées par Victor Adam, précédées d'une Notice par Charles Nodier de l'Académie française et d'un essai sur la Fable. *Paris, Delloye, Desmé et Cie*, 1838, in-8, fig., dans le cart. illustré de l'éditeur, non rog.

<small>Premier tirage.
Edition illustrée de 1 frontispice, de 110 planches hors texte gravées sur cuivre, et de nombreux fleurons, lettres ornées et culs-de-lampe.</small>

68. **Florian**. Fables de Florian, illustrées par J.-J. Grandville, suivies de Tobie et de Ruth, poèmes tirés de l'Ecriture Sainte et précédées d'une Notice sur la vie et les ouvrages de Florian, par P.-J. Stahl. *Paris, J.-J. Dubochet et Cie*, 1842, gr. in-8, demi-rel. dos et coins de mar. vert, dos orné, fil., non rog., couv. (*Allô*).

69. **Fond du Sac** (Le) ou recueil de Contes en vers et en prose et de pièces fugitives. *Paris, Leclère (Lyon, imprimerie de Louis Perrin)*, 1861, in-8, fig., demi-rel. dos et coins de mar. rouge, dos orné, fil., tête dor., non rog. (*Cuzin père*).

<small>Edition tirée à 400 exemplaires sur papier de Hollande.
Exemplaire contenant les figures en 2 états.</small>

70. **Fromentin** (Eugène). Sahara et Sahel. — Un été dans le Sahara. — Une année dans le Sahel. Edition illustrée de douze eaux-fortes par Lerat, Courtry et Rajon, d'une héliogravure par le procédé Goupil, et de quarante-cinq gravures en relief d'après les tableaux, les dessins et les croquis d'Eugène Fromentin. *Paris, E. Plon et Cie*, 1879, 1 tome en 2 vol. in-4, demi-rel. dos et coins de mar. rouge, dos ornés à petits fers, fil. sur les plats, non rog., couv. (*Allô*).

<small>L'un des **50** exemplaires d'artiste tirés sur **papier de Hollande** (n° 23), contenant : 1° Les eaux-fortes en **4 états**, épreuves en noir sur Chine volant, avant la lettre en sanguine, avant et avec la lettre en noir. — 2° L'Héliogravure en 2 états.</small>

70 *bis*. **Galerie française** des femmes célèbres par leurs talens, leur rang ou leur beauté. Portraits en pied, dessinés par M. Lanté, la plupart d'après des originaux inédits ; gravés par M. Gatine et coloriés ; avec des notices biographiques et des remarques sur les habillemens. *A Paris, chez l'éditeur*, 1827, in-4, demi-rel. chag., dos orné, fil. sur les plats, tr. jas. (*Rel. de l'époque*).

<small>70 planches hors texte en couleurs.</small>

71. **Galerie historique** des portraits des comédiens de la troupe de Voltaire, gravés à l'eau-forte, sur des documents authentiques, par Frédéric Hillemacher, avec des détails biographiques inédits, recueillis sur chacun d'eux par E.-D. de Manne. *Lyon, N. Scheuring*, 1861, in-8, demi-rel. dos et coins de mar. rouge, dos orné, fil., non rog., couv. (*Allô*).

72. **Galerie historique** des comédiens de la troupe de Nicolet, notices sur certains acteurs et mimes qui se sont fait un nom dans les annales des scènes secondaires depuis 1760 jusqu'à nos jours, par E.-D. de Manne et C. Ménétrier, avec des portraits gravés à l'eau-forte par Frédéric Hillemacher. *Lyon, N. Scheuring*, 1869, in-8, demi-rel. dos et coins de mar. vert, dos orné, fil., non rog., couv. (*Alló*).

73. **Galerie historique** des comédiens de la troupe de Talma, notices sur les principaux sociétaires de la Comédie françoise, depuis 1789 jusqu'aux trente premières années de ce siècle, par E.-D. de Manne, avec des portraits gravés à l'eau-forte par Frédéric Hillemacher. *Lyon, N. Scheuring*, 1866, in-8, demi-rel. dos et coins de mar. bleu, dos orné, fil., non rog., couv. (*Alló*).

74. **Gautier** (Théophile). Le Capitaine Fracasse. Illustré de 60 dessins de Gustave Doré. *Paris, Charpentier*, 1866, gr. in-8, demi-rel. dos et coins de mar. rouge, dos orné, fil. sur les plats, non rog. (*Cuzin père*).

Premier tirage des illustrations de G. Doré.

75. **GAUTIER** (Théophile). L'Eldorado ou Fortunio, par Théophile Gautier, publié sur l'édition originale. *Paris, Imprimé pour les Amis des Livres*, 1880, gr. in-8, fig., demi-rel. dos et coins de mar. rouge, dos orné, fil., non rog., couv. (*Alló*).

Edition illustrée de 12 eaux-fortes de Milius, et 81 dessins d'Avril, reproduits par l'héliographie.
Les eaux-fortes sont en deux états dont l'avant la lettre, et les vignettes d'Avril, tirées sur Chine, en noir et en bistre.
Tiré à **115** exemplaires (n° 16) au nom de M. Daguin.

76. **GAUTIER** (Théophile). Emaux et Camées, par Théophile Gautier. Cent-douze dessins de Gustave Fraipont, préface par Maxime Du Camp. *Paris, L. Conquet*, 1887,

in-16, demi-rel. dos et coins de mar. bleu, dos orné à petits fers, fil. sur les plats, non rog., couv. (*Cuzin père*).

<small>Exemplaire tiré sur **papier de Chine** (n° 5) contenant le tirage à part des illustrations et le Musée Secret.</small>

77. **GAUTIER** (Théophile). Mademoiselle de Maupin — Double amour — par Théophile Gautier. Réimpression textuelle de l'édition originale (portraits et médaillons de L. Leloir, 18 compositions de E. Toudouze, gravées par Champollion), notice bibliographique, par M. Charles de Lovenjoul. *Paris, L. Conquet*, 1883, 2 vol. in-8 cavalier, demi-rel. dos et coins de mar. bleu clair, dos ornés de 6 filets droits et courbés et un pointillé, fil. sur les plats, non rog., couv. (*Cuzin père*).

<small>Bel exemplaire.
L'un des 25, tirés sur **papier du Japon** (n° 25), avec les figures de Toudouze et les portraits en **3 états** dont l'eau-forte pure et les planches refusées.</small>

78. **GAUTIER** (Théophile). Militona. Un portrait et dix compositions de Adrien Moreau, gravés par A. Lamotte. *Paris, L. Conquet*, 1887, in-8, demi-rel. dos et coins de mar. rouge, dos orné à petits fers, fil. sur les plats, non rog., couv. (*Cuzin père*).

<small>L'un des 25 exemplaires tirés sur **grand papier vélin** à la cuve du Marais (n° 9) avec **3 états** des gravures (avec et avant la lettre et eau-forte pure).</small>

79. **GÉRARD DE NERVAL**. Sylvie. Souvenirs du Valois, préface par Ludovic Halévy. 42 compositions dessinées et gravées à l'eau-forte par Ed. Rudaux. *Paris, L. Conquet*, 1886, in-16, demi-rel. dos et coins de mar. La Vallière, dos orné, fil. sur les plats, non rog., couv. (*Cuzin père*).

<small>Exemplaire tiré sur papier vélin du Marais (n° 602) contenant les eaux-fortes en **3 états**, dont l'eau-forte pure.</small>

80. **Goëthe**. Les Souffrances du jeune Werther, par Goëthe, traduites par le comte Henri de la B... (La Bédoyère).

Seconde édition. *Paris, imprimerie de Crapelet*, 1845, in-8, pap. de Holl., fig. de Tony Johannot, grav. à l'eau-forte par Burdet, demi-rel. dos et coins de veau grenat, tête dor., non rog.

<small>Exemplaire auquel on a ajouté :
1° La suite des 3 figures de Moriau le jeune. **Epreuves avant la lettre**. *Paris, Didot*, 1809.
2° 9 eaux-fortes de Tony Johannot, épreuves tirées sur **papier de Chine** avec le nom de l'artiste à la pointe et avant la lettre.</small>

81. **Goldsmith**. Le Vicaire de Wakefield (The Vicar of Wakefield), par Goldsmith, traduit en français avec le texte anglais en regard, par Charles Nodier, précédé d'une notice par le même sur la vie et les ouvrages de Goldsmith et suivi de quelques notes. *Paris, Bourgueleret*, 1838, gr. in-8, port., fig. sur acier hors texte et sur bois dans le texte, cart. de l'éditeur, non rog.

<small>Premier tirage.
Edition ornée d'un frontispice contenant le portrait de Goldsmith, gravé sur bois et tiré sur Chine, 10 planches hors texte dessinées par Tony Johannot et gravées sur acier par W. Finden, et plus de 100 vignettes sur bois dans le texte.</small>

82. **Grandville**. Un autre monde. Transformations, visions, incarnations, ascensions, locomotions, explorations, pérégrinations, excursions, stations, etc., par Grandville, texte par Taxile Delord. *Paris, H. Fournier*, 1844, in-4, planches hors texte coloriées, demi-rel. dos et coins de mar. La Vallière, dos mosaïqué avec ornem. dor. à petits fers, fil. sur les plats, non rog., couv. (*Allô*).

<small>Bel exemplaire absolument non rogné, avec la couverture.</small>

83. **Grandville**. Cent proverbes, par Grandville et par trois têtes dans un bonnet (MM. Forgues, Tax. Delord, Arnould Frémy et Amédée Achard). *Paris, H. Fournier*, 1845, gr. in-8, demi-rel. dos et coins de mar. rouge, dos orné, fil., non rog., couv. (*Allô*).

<small>Bel exemplaire de premier tirage avec la couverture.
1 frontispice et 50 grands sujets tirés à part et gravés sur bois par Grandville. Nombreuses lettres ornées et culs-de-lampes dans le texte.</small>

84. **Grandville**. Le Dimanche d'un bon Bourgeois ou les tribulations de la petite Propriété, par Isidore Grandville. *A Paris, à l'établissement lithographique de Langlumé et Cie, s. d.*, in-4 oblong, cart. dos et coins de perc., non rog., couv.

> 12 planches lithographiées en **couleurs**, avec la couverture.
> Suite complète. Très rare.

85. **Grandville**. Les Fleurs animées, par J.-J. Grandville, introductions par Alph. Karr, texte par Taxile Delord. *Paris, Gabriel de Gonet*, 1847, 2 part. en 1 vol. gr. in-8, planches hors texte coloriées, demi-rel. dos et coins de mar. bleu, dos orné, fil. sur les plats, non rog. (*Raparlier*).

86. **GRANDVILLE**. Les Métamorphoses du Jour, par I.-Adolphe Grandville, 1829. *A Paris, chez Bulla*, 1829. in-folio oblong, demi-rel. dos et coins de mar. lie de vin, dos orné sans nerfs, fil., non rog.

> Premier tirage comprenant 73 lithographies en **couleurs**.
> Avec le feuillet imprimé de la Préface signée A. Comte.

87. **Halévy** (Ludovic). L'Abbé Constantin, illustré par M$^{me}$ Madeleine Lemaire. *Paris, Boussod, Valadon et Cie*, 1887, in-4, demi-rel. dos et coins de mar. bleu, ornem. de 5 fil. sur le dos, fil. sur les plats, non rog., couv. (*Cuzin père*).

> Ouvrage illustré de 36 planches en photogravure, dont 18 hors texte.

88. **Halévy** (Ludovic). La Famille Cardinal, avec 1 frontispice et 8 vignettes dessinés par E. Mas et gravés par J. Massard. *Paris, Calmann-Lévy (pour L. Conquet)*, 1883, pet. in-8, demi-rel. dos et coins de mar. bleu, dos orné à petits fers et au pointillé et ornem. mosaïqué de mar. rouge, fil. sur les plats, non rog., couv. (*Allô*).

> L'un des **200** exemplaires tirés sur papier vergé du Marais (n° 198), avec les vignettes imprimées dans le texte.
> On y a joint le tirage à part des gravures tirées sur Japon en **2 états**, eaux-fortes pures et avant la lettre.
> Envoi autographe signé de l'auteur à M. Daguin.

89. **Halévy** (Ludovic). Trois coups de foudre, par Ludovic Halévy. Dix dessins de Kauffmann, gravés par T. De Mare. *Paris, L. Conquet*, 1886, in-16, demi-rel. dos et coins de mar. rouge, dos orné de fil. droits, courbés et au pointillé, fil. sur les plats, non rog., couv. (*Cuzin père*).

L'un des **100** exemplaires tirés sur **papier du Japon** (n° 52) contenant les eaux-fortes en **3 états**, dont l'eau-forte pure.

90. **HAMILTON.** Mémoires du comte de Grammont, par Antoine Hamilton. Un portrait de A. Hamilton et Trente-trois compositions de C. Delort, gravés au burin et à l'eauforte par L. Boisson, préface de H. Gausseron. *Paris, L. Conquet*, 1888, gr. in-8, demi-rel. dos et coins de mar. rouge, dos orné de filets droits et au pointillé et avec ornem. dor., fil. sur les plats, non rog., couv. (*Cuzin père*).

L'un des 15 exemplaires tirés sur **grand papier vélin du Marais** (n° 2) avec **3 états** des planches, dont l'eau-forte pure.

91. **Heptaméron** des nouvelles de très haute et très illustre princesse Marguerite d'Angoulême, reine de Navarre. Nouvelle édition publiée sur les manuscrits par la Société des Bibliophiles françois. *A Paris, imprimé avec les caractères de la Société des Bibliophiles françois*, 1853, 3 vol. pet. in-8, mar. bleu, dos ornés, fil. sur les plats, aux centres, chiffres de Marguerite d'Angoulême, dent. int., tr. dor. (*David*).

Bel exemplaire auquel on a ajouté :
1° La suite du frontispice par Dunker, et les 73 figures par Freudeberg.
2° Le portrait de François I⁴ gravé à l'eau-forte par Fr. Hillemacher, d'après Tiziano Vecellio, épreuve sur **peau de vélin**.

92. **Hoffmann.** Contes fantastiques de Hoffmann, traduction nouvelle ; précédées de Souvenirs intimes sur la vie de l'auteur, par P. Christian. Illustrés par Gavarni. *Paris, Lavigne*, 1843, in-8, demi-rel. dos et coins de chag. violet, dos orné, fil., non rog. (*Rel. de l'époque*).

Premier tirage.
10 planches hors texte gravées sur bois par Brevière et Novion, et de nombreuses vignettes sur bois dans le texte. Taches de rousseur.

93. **HORACE.** Œuvres complètes d'Horace traduites en françois par Charles Batteux. Edition augmentée d'un commentaire par N.-L. Achaintre. *A Paris, chez Dalibon*, 1823, 3 vol. gr. in-8, port. par Devéria, tiré sur Chine en 2 états, dont l'eau-forte pure, mar. vert à longs grains, dos ornés de petits compart. en mosaïque de mar. rouge, accompagnés d'ornem. dorés sur les plats, dent. à froid encad. un panneau, avec rosaces aux milieux et aux angles, en mosaïque sertie or, et mar. citron, rouge et bleu, dent. int., tr. dor. (*Thouvenin jeune*).

    Reliure romantique d'une grande fraîcheur.

94. **Hugo** (Victor). Hernani, drame en cinq actes. Un portrait d'après Devéria et quinze compositions de Michelena, gravées à l'eau-forte par Boisson. *Paris, L. Conquet*, 1890, gr. in-8, br., couv.

    L'un des 350 exemplaires sur papier vélin du Marais (n° 324) contenant **3 états** des eaux-fortes, dont l'eau-forte pure.

95. **Hugo** (Victor). Ruy Blas, drame en cinq actes. Un portrait et quinze compositions de Adrien Moreau, gravés à l'eau-forte par Champollion. *Paris, L. Conquet*, 1889, gr. in-8, br., couv.

    L'un des 350 exemplaires sur papier vélin du Marais (n° 376) contenant **3 états** des eaux-fortes, dont l'eau-forte pure.

96. **Hugo** (Victor). Notre-Dame de Paris, par Victor Hugo. *Paris, Eugène Renduel*, 1836, in-8, fig., demi-rel. dos et coins de mar. bleu foncé, dos orné sans nerfs, fil., non rog. (*Cuzin père*).

    Première édition illustrée.
    1 frontispice et 11 planches hors texte gravées sur acier par T. Finden, W. Finden, R. Staines, A. Lacour, Lestudier, T. Phillibrocon, G. Periam, d'après D. Rouargue, Louis Boulanger, Raffet, Tony et Alfred Johannot. Camille Rogier.

97. **HUGO** (Victor). **Notre-Dame de Paris**. Edition illustrée d'après les dessins de MM. E. de Beaumont, L. Boulan-

ger, Daubigny, T. Johannot, de Lemud, Meissonier, C. Roqueplan, de Rudder, Steinheil, gravés par les artistes les plus distingués. *Paris, Perrotin-Garnier frères*, 1844, gr. in-8, demi-rel. dos et coins de mar. La Vallière clair dos sans nerfs avec ornem. dor., fil. sur les plats, non rog., couv. (*Cuzin père*).

**Bel exemplaire** de premier tirage absolument non rogné, avec la couverture de toute fraîcheur, auquel on a ajouté :
1° Le frontispice en double épreuve, tiré sur papier de Chine.
2° Une épreuve avant la lettre tirée sur papier de Chine de : *Paris à vol d'oiseau. XV° siècle.*
3° Deux épreuves, l'une avant la lettre, l'autre avec la lettre du dessin de Tony Johannot, intitulé : *Quasimodo au pilori*, tirées sur papier du Japon et sur papier vélin fort.

98. **Hugo** (Victor). Notre-Dame de Paris, par Victor Hugo. Nouvelle édition illustrée. *Paris, Eugène Hugues*, 1882, 2 tomes en 1 vol. gr. in-8, br., couv.

L'un des **25** exemplaires tirés sur **papier de Chine** (n° 14).

99. **HUGO** (Victor). Les Orientales, par Victor Hugo (d'après l'édition originale), illustrées de Huit compositions de MM. Gérome et Benjamin Constant, gravées à l'eau-forte par M. de Los Rios. *Paris, Imprimé pour les Amis des Livres, par G. Chamerot*, 1882, in-4, demi-rel. dos et coins de mar. rouge, dos orné, fil. sur les plats, non rog., couv. (*Allô*).

Imprimé à **135** exemplaires numérotés sur **papier du Japon**, avec les eaux-fortes en double état.
Exemplaire n° 26 au nom de M. Daguin.

100. **HUGO** (Victor). Vignettes par Célestin Nanteuil. *Paris, Eugène Renduel*, 1833, gr. in-8, en feuilles à toutes marges, couv.

Portrait de Victor Hugo, encadré de vignettes en compartiments représentant les scènes principales de ses ouvrages. — Frontispice pour *Bug Jargal*. — Frontispice pour le *Dernier Jour d'un condamné*. — Frontispice pour *Notre-Dame de Paris*, sur Chine remonté.
**Suite rarissime** et complète de quatre gravures formant la première livraison, parue le 20 Décembre 1832, d'une collection qui ne fut pas continuée. Asselineau, dans sa *Bibliographie romantique* (page 10), a décrit ces quatre eaux-fortes.

**101. L'IMITATION de JÉSUS-CHRIST** (Traduction de Michel de Marillac). *Paris, L. Curmer*, 1856-1858, 2 vol. in-4, mar. violet, sur le plat supérieur, armoiries plaquées en métal et croix aux angles, le tout accompagné de fil. à froid, doublures et gardes de moire grenat, parsemées de croix dorées, fermoirs, tr. dor.

Exemplaire aux armes du Marquis de Nerli.
Superbe édition ornée de nombreuses miniatures et encadrements de pages en couleurs.
Le volume d'*Appendice* qui se trouve en demi-reliure, renferme des notices de J. Janin, l'abbé Delaunay et de M. F. Denis sur l'*Imitation de J.-C.*, sur les auteurs de l'*Imitation* et sur l'*Ornementation des Manuscrits*.

**102. LA FAYETTE** (Madame de). La Princesse de Clèves. Préface par Anatole France. Un portrait et douze compositions de Jules Garnier, gravés par A. Lamotte. *Paris, L. Conquet*, 1889, gr. in-8, cart. dos et coins de perc. grenat., non rog., couv. (*Carayon*).

L'un des **8** exemplaires sur **grand papier vélin blanc** non mis dans le commerce, contenant **3 états** des eaux-fortes :
1º Eau-forte avant la lettre tirée sur Chine, avec le nom du graveur.
2º Eau-forte *avant toute lettre* tirée sur Chine.
3º Eau-forte pure sur vélin blanc.

**103. La Fontaine.** Contes et Nouvelles, par J. de La Fontaine. Nouvelle édition ornée de vignettes. *Paris, A. Braulart, imprimeur en taille-douce*, 1835, 2 tomes en 1 vol. gr. in-8, demi-rel. dos et coins de mar. rouge lie de vin, dos orné à petits fers, fil. sur les plats, tête dor., non rog.

Ouvrage contenant : 1 titre gravé, portrait de La Fontaine et 28 planches gravées à l'eau-forte par Tronchon, Delvaux et autres, d'après Champion, Eugène André, Ducornet (né sans bras) et Albert.
Edition fort rare.

**104. La Fontaine.** Contes et Nouvelles en vers, par Jean de La Fontaine. *A Paris, Leclère fils*, 1861, 2 vol. in-12, demi-rel. dos et coins de mar. vert, dos ornés et mosaïqués, fil., tête dor., non rog.

1 portrait d'après Rigaud et 69 vignettes en tête de page d'après Duplessis-Bertaud.
Exemplaire sur papier vergé, contenant le tirage à part de toutes les figures.

104 *bis*. **La Fontaine**. Fables choisies de La Fontaine, ornées de figures lithographiques de MM. Carle Vernet, Horace Vernet et Hipolyte Lecomte. *De l'Imprimerie de Fain. Paris, à la lithographie d'Engelmann*, 1818, 2 vol. in-fol. oblong, demi-rel. veau vert maroquiné, dos ornés, dent. sur les plats, étuis (*Rel. de l'époque*).

<small>128 planches lithographiées.</small>

105. **La Fontaine**. Fables de La Fontaine. Édition illustrée par J.-J. Grandville. *Paris, H. Fournier, ainé, Perrotin*, 1838-1840, 3 vol. gr. in-8, demi-rel. dos et coins de mar. bleu, dos ornés, fil., non rog., couv. (*Allô*).

<small>Premier tirage, avec les couvertures.
Ouvrage orné pour les deux premiers volumes de 1 frontispice tiré sur Chine volant et 120 bois tirés à part, en **2 états**, dont l'un sur **Chine** monté. Le texte est orné de frises et de culs-de-lampe et chaque tête de livre est ornementé.
Cette édition est complétée par une seconde série de 120 vignettes de Grandville gravées sur bois, et tirées à part. Cette série forme le Tome III des *Fables*. Épreuves en **2 états**, dont l'un tiré sur **Chine** monté.
**Très bel exemplaire** de ce magnifique ouvrage, finement illustré par Grandville, marquant une des plus belles époques de la gravure sur bois.</small>

106. **La Fontaine**. Fables de La Fontaine. Édition illustrée de 75 planches à l'eau-forte par A. Delierre. *Paris, Quantin*, 1883, 2 vol. in-4, demi-rel. dos et coins de mar. rouge, dos ornés de fil. droits et en losange, fil. sur les plats, non rog., couv. (*Allô*).

<small>L'un des **50** exemplaires numérotés sur **papier de Chine**, avec double suite des eaux-fortes.
Exemplaire contenant toutes les couvertures des fascicules, à la fin de chaque volume.</small>

107. **La Fontaine**. Fables de La Fontaine, avec une préface par M. Théodore de Banville. Compositions inédites de Moreau, gravées par Milius. *Paris, P. Rouquette*, 1883, 2 vol. in-16, demi-rel. dos et coins de mar. rouge, dos ornés à petits fers, fil. sur les plats, non rog., couv. (*Allô*).

<small>L'un des **20** exemplaires tirés sur **papier du Japon** (n° 4) contenant les gravures en **5 états** : eau-forte pure, en noir et en bistre, état terminé, en noir et en bistre, et tirage dans le texte.</small>

108. **La Fontaine.** La Morale en action des Fables de La Fontaine. Collection de vignettes dessinées par Henry Monnier et gravées par Thompson. *Paris, chez les marchands de nouveautés*, 1828, (1ʳᵉ livrais.) en 1 brochure in-8, avec 16 vignettes, br., couv.

<small>Très rare, avec la couverture à la date de 1828.
Une seule livraison de parue, la publication fut interdite.</small>

109. **La Fontaine.** Vignettes pour ses Fables, dessinées par Henry Monnier. *S. l.* (*Paris*), 1829, in-4 obl., demi-rel. dos et coins de mar. rouge à long grain, non rog. (*Rel. de l'époque*).

<small>**Suite complète** des 16 vignettes d'**Henry Monnier**, épreuves sur papier de Chine sous couverture datée de 1829.</small>

110. **La Fontaine.** Fables. Suite de 1 portrait et 50 vignettes dessinées et gravées à l'eau-forte par V. Foulquier. *Tours, A. Mame*, 1875, gr. in-8, en feuilles, à toutes marges.

<small>Epreuves **avant la lettre** tirées sur **papier de Chine**.</small>

111. **La Rochefoucauld.** Réflexions ou sentences et maximes morales de La Rochefoucauld. *A Paris, chez Lefèvre*, 1827, gr. in-8, demi-rel. dos et coins de mar. violet à longs grains, dos long orné, fil. sur les plats, non rog. (*Purgold*).

<small>Bel exemplaire sur grand papier vélin, avec le portrait de La Rochefoucauld tiré sur Chine et *avant la lettre*.</small>

112. **Las Cases.** Mémorial de Sainte-Hélène, par le Comte de Las Cases ; suivi de Napoléon dans l'exil, par MM. O. Meara et Antomarchi et de l'historique de la translation des restes mortels de l'empereur Napoléon aux Invalides. *Paris, Ernest Bourdin*, 1842, 2 vol. gr. in-8, fig., demi-rel. dos et coins de mar. vert olive, dos ornés, fil. sur les plats, têtes dor., ébarbés (*Petit*).

<small>Premier tirage.
Edition illustrée par Charlet de 500 vignettes dans le texte, de 29 grands sujets tirés à part, gravés sur bois et imprimés sur Chine, et de deux cartes, l'une de l'île de Sainte-Hélène, l'autre pour la campagne d'Italie.</small>

113. **La Valette.** Fables par C.-G. Sourdille de La Vallette, composées en 1826 et 1827. *Paris, Imprimerie de Firmin Didot*, 1828, gr. in-8, demi-rel. dos et coins de mar. bleu, dos orné aux petits fers, fil., non rog., couv. (*Allô*).

> Edition originale.
> Exemplaire auquel on a ajouté, quatre pages manuscrites, appréciant et commentant l'œuvre de Sourdille de La Valette, et signées de *C. Héreau, 55, Rue Saint-André-des-Arcs, 55*.

114. **La Valette.** Fables de S. La Valette, illustrées par Grandville, suivies de poésies diverses illustrées par Gérard Séguin. *Paris, J. Hetzel et Paulin*, 1841, gr. in-8, demi-rel. dos et coins de mar. La Vallière, dos orné, fil., non rog. (*Allô*).

> Bel exemplaire de premier tirage, avec la couverture.
> 21 planches dessinées par Grandville et 3 par Gérard-Séguin.

115. **Legouvé.** Le Mérite des Femmes et autres poésies, par Gabriel Legouvé. *A Paris, chez Ant.-Aug. Renouard*, 1813, in-18, mar. rouge, dos orné de fil., dent. sur les plats, tr. dor. (*Rel. de l'époque*).

> 3 figures gravées par Simonet et de Ghendt, d'après Moreau le Jeune et Guérin.

116. **Le Sage.** Le Diable Boiteux, avec une préface par H. Reynald, gravures à l'eau-forte par Ad. Lalauze. *Paris, Librairie des Bibliophiles*, 1880, 2 vol. in-8, port. et fig., demi-rel. dos et coins de mar. vert clair, dos ornés, fil. sur les plats, non rog., couv. (*Allô*).

> L'un des **20** exemplaires sur **papier de Chine** (n° 14), avec les figures en deux états, *avant* et *avec la lettre*.

117. **LE SAGE.** Histoire de Gil Blas de Santillane, par Le Sage. Edition collationnée sur celle de 1747, corrigée par l'auteur, avec un examen préliminaire, de nouveaux sommaires, des chapitres, et des notes historiques et littéraires par M. le Comte François de Neufchateau. *A Paris, chez Lefèvre*, 1820, 3 vol. in-8, mar. bleu à longs grains,

dos à quatre nerfs, avec ornem. dor. sur les plats, dent. à froid, et fil. dor. avec ornem. aux angles, dent. int., tr. dor. (*Simier*).

**Bel exemplaire** contenant les 9 figures de Desenne **avant la lettre** et auquel on a ajouté une suite de 24 figures par Smirke, tirées sur Chine, de l'édition de *Londres, Longman*, 1809.

118. **Le Sage.** Histoire de Gil Blas de Santillane, par Le Sage ; avec des notes historiques et littéraires par M. le Comte François de Neufchateau. *A Paris, chez Lefèvre*, 1825, 3 vol. gr. in-8, port., demi-rel. dos et coins de mar. rouge à longs grains, dos à quatre nerfs, ornés dans le goût romantique, non rog. (*Allô*).

Exemplaire sur grand papier vélin, avec le portrait de Le Sage tiré sur Chine et avant la lettre. auquel on a ajouté, la suite de 24 gravures d'après Smirke ; épreuves sur **Chine avant la lettre.**

119. **Le Sage.** Histoire de Gil Blas de Santillane, par Le Sage. Vignettes par Jean Gigoux. *Paris, chez Paulin*, 1835, gr. in-8, cart. toile, non rog.

Premier tirage.
L'un des rares exemplaires sur **papier vélin fort**, illustré d'un portrait de Gil Blas, sur Chine volant, et 600 vignettes dans le texte, gravées sur bois par Brevière, Godard, Lavoignat, Porret, etc...

120. **Le Sage.** Histoire de Gil Blas de Santillane, par Le Sage. Vignettes par Jean Gigoux. *Paris, chez Paulin*, 1835, gr. in-8, demi-rel. dos et coins de mar. La Vallière, dos orné de fil., non rog. (*Allô*).

Premier tirage, avec le prospectus de publication.
1 portrait de Gil Blas, sur Chine volant, gravé sur bois par Godard, et dans le texte, 600 vignettes gravées sur bois par Brevière, Godard, Lavoignat, Maurisset et autres.

121. **Lireux** (Auguste). Assemblée nationale comique, par Auguste Lireux. Illustré par Cham. *Paris, M. Lévy frères*, 1850, gr. in-8, demi-rel. dos et coins de mar. rouge, dos à 5 nerfs avec ornem. de 5 fil. dor., fil. sur les plats, non rog., couv. (*Allô*).

Bel exemplaire absolument non rogné, avec la couverture.

122. **LIVRE D'HEURES de la REINE ANNE DE BRETAGNE**, traduit du latin et accompagné de notices inédites, par M. l'Abbé Delaunay. *Paris, L. Curmer*, 1841, 2 vol. in-4, mar. rouge, sur les plats armoiries plaquées en métal, couronnes de marquis aux angles, dent. int., doublures et gardes de moire rouge, fermoirs, tr. dor.

<small>Bel exemplaire de ce remarquable ouvrage, aux armes du Marquis de Nerli ; reproduction en chromolithographie du célèbre manuscrit original, chef-d'œuvre de l'art de la miniature au commencement du XVI<sup>e</sup> siècle.
Le volume d'Appendice est en demi-reliure.</small>

123. **Longus.** Daphnis et Chloé, traduction complète d'après le manuscrit de l'abaye (*sic*) de Florence. *Imprimé à Florence, chez Piatti*, 1810, in-8, demi-rel. dos et coins de mar. rouge, dos orné, fil., non rog. (*Allô*).

<small>Edition tirée à 60 exemplaires numérotés (n° V).
Traduction d'Amyot, complétée par Paul-Louis Courier, pour le fragment inédit de Longus, découvert par lui.</small>

124. **Louvet de Couvray.** Les Amours du Chevalier de Faublas, par Louvet de Couvray. Nouvelle édition. *Paris, A. Tardieu*, 1825, 4 vol. in-8, avec 8 gravures par Collin, demi-rel. dos et coins de mar. citron, dos ornés à petits fers et ornem. en mosaïque de mar. rouge, fil. sur les plats, tête dor., non rog. (*Allô*).

<small>Exemplaire sur papier vélin contenant :
1° Les figures de l'édition, tirées sur **Chine, avant la lettre.**
2° La suite des 27 figures, par Demarne, Dutertre. M<sup>lle</sup> Gérard, Marillier, Monsiau et Monnet, épreuves **avant la lettre**.
3° La figure de la page 28, du tome I, d'après Queverdo, gravée par Letellier, épreuve **avant la lettre et eau-forte.**
4° L'**eau-forte** de Dupréel pour la figure de la page 124 du tome I.
5° L'**eau-forte** de Saint-Aubin et Tilliard, pour la figure de la page 297 du tome I.
6° La première composition de la *Grille*, d'après Dutertre, gravée par Lemire, épreuve à l'état d'**eau-forte**, dans le tome III.
7° L'**eau-forte**, par De Ghendt, pour la page 383 du tome IV.</small>

125. **Maistre** (de). Voyage autour de ma Chambre, suivi de l'Expédition nocturne, par Xavier De Maistre, préface par Jules Claretie. Six eaux-fortes par Hédouin. *Paris, Li-*

*brairie des Bibliophiles*, 1877, in-8, demi-rel. dos et coins de mar. rouge, dos orné à petits fers, fil. sur les plats, non rog., couv. (*Allo*).

<small>L'un des **20** exemplaires tirés sur **papier de Chine** (n° 7), avec les gravures en double épreuve *avant* et *avec* la lettre.</small>

126. **Marot.** Œuvres de Clément Marot de Cahors, vallet de chambre du Roy. *Lyon, N. Scheuring (impr. L. Perrin)*, 1869-1870, 2 vol. pet. in-8, titre r. et n. avec ornem. grav. sur bois, texte encadré de fil. rouges, portr., mar. rouge, dos ornés à petits fers, filets à la Du Seuil, dent. int., non rog., couv. (*Claessens*).

<small>L'un des **10** exemplaires tirés sur **papier de Chine** (n° 4).</small>

127. **Massillon.** Petit Carême de Massillon suivi des Sermons sur la mort du pécheur et la mort du juste, sur l'Enfant prodigue, sur le petit nombre des élus, sur la mort, sur l'aumone et de l'oraison funèbre de Louis XIV. *A Paris, chez Lefèvre*, 1824, gr. in-8, demi-rel. dos et coins de mar. brun, dos orné, dans le goût romantique, non rog.

<small>Exemplaire sur grand papier vélin.</small>

128. **Mérimée** (Prosper). Carmen. Illustré de 1 frontispice et 8 vignettes dessinés par S. Arcos et gravés par A. Nargeot. *Paris, Calmann Lévy (pour L. Conquet)*, 1884, pet. in-8, demi-rel. dos et coins de mar. La Vallière foncé, dos orné à petits fers et ornem. mosaïque de mar. bleu, fil. sur les plats, non rog., couv. (*Allô*).

<small>L'un des **225** exemplaires tirés sur **papier vélin** à la cuve du Marais (n° 16), avec les figures en **3 états**, dont l'eau-forte pure.</small>

129. **MÉRIMÉE** (Prosper). Chronique du règne de Charles IX, par Prosper Mérimée, illustrée de Trente-une compositions dessinées et gravées à l'eau-forte par Edmond Morin. *Imprimé pour les Amis des Livres, par G. Chamerot*, 1876, 1 tome en 2 vol. gr. in-8, demi-rel. dos et

coins de mar. brun, ornem. de fleurs de lis et du chiffre C. entrelacé en mosaïque de mar. blanc et sur le dos, fil. sur les plats, non rog., couv. (*Alló*).

<small>Edition non mise dans le commerce et tirée à **115** exemplaires numérotés.
Exemplaire n° 13, au nom de M. Daguin.</small>

130. **Michelet.** L'Oiseau, par J. Michelet. Huitième édition illustrée de 210 vignettes sur bois dessinées par H. Giacomelli, *Paris, Hachette et Cie*, 1867, pet. in-4, pap. teinté, titre r. et n., texte encadré de filets noirs, demi-rel. dos et coins de mar. bleu, dos orné d'oiseaux et de papillons, fil. sur les plats, non rog., couv. (*Alló*).

<small>Première édition illustrée.</small>

131. **Les Mille et Une Nuits,** contes arabes, traduits en françois par Galland. Nouvelle édition revue sur les textes originaux, et augmentée de plusieurs nouvelles et contes traduits des langues orientales, par M. Destains; précédée d'une notice historique sur Galland, par M. Charles Nodier. *A Paris, chez Galliot*, 1822-1825, 6 vol. in-8, fig., demi-rel. dos et coins de mar. violet, dos ornés, dans le goût romantique, têtes dor., non rog. (*Rel. de l'époque*).

<small>Exemplaire sur grand papier vélin orné de 6 figures par Westall, tirées sur Chine et *avant la lettre*.</small>

131 *bis*. **Mille et Une Nuits.** The adventure of Hunch. Back and the stories connected with it (from the arabian nights entertainments). With illustrative Prints, engraved by William Daniell, from pictures painted by Robert Smirke R. A. *London, printed for William Daniell*, 1814, in-fol., cart. de l'éditeur, non rog.

<small>17 planches tirées sur **papier de Chine** gravées par William Daniell, d'après Robert Smirke.</small>

132. **MOLIÈRE.** Œuvres de Molière, avec un commentaire, un discours préliminaire, et une vie de Molière, par M.

Auger. *Paris, Desoer (imprimerie de Firmin-Didot),* 1819-1825, 9 vol. in-8, figures d'après H. Vernet, demi-rel. dos et coins de mar. vert à long grain, dos mosaïqués, fil. sur les plats, non rog. (*Ginain*).

<blockquote>
Bel exemplaire sur grand papier vélin contenant :
1° Le portrait et les figures de l'édition **avant la lettre**.
2° La suite des 18 figures de Desenne, et 1 portrait gravé par Taurel, épreuves **avant la lettre**.
</blockquote>

133. **Molière.** Œuvres de Molière, précédées d'une notice sur sa vie et ses ouvrages, par M. Sainte-Beuve. Vignettes par Tony Johannot. *Paris, chez Paulin,* 1835, 2 vol. gr. in-8, demi-rel. dos et coins de mar. rouge, dos ornés de fil., non rog. (*Allô*).

<blockquote>
Premier tirage, avec les couvertures.
Edition ornée d'un portrait de Molière et 800 vignettes dans le texte, gravées sur bois par Andrew Best et Leloir Porret, etc...
</blockquote>

134. **Molière.** Le Théâtre de Jean-Baptiste Poquelin de Molière, collationné minutieusement sur les premières éditions et sur celles des années 1666, 1674 et 1682, orné de vignettes gravées à l'eau-forte d'après les compositions de différents artistes, par Frédéric Hillemacher. 8 vol. — Galerie historique des Portraits des Comédiens de la troupe de Molière, gravés à l'eau-forte sur des documents authentiques, par Frédéric Hillemacher, avec des détails biographiques succincts, relatifs à chacun d'eux. 1 vol. *Lyon, Nicolas Scheuring,* 1864-1869. Ens. 9 vol. fig., in-8, demi-rel. dos et coins de mar. rouge, dos ornés, fil., non rog., couv. (*Allô*).

<blockquote>
Exemplaire contenant :
1° Le **tirage à part** de toutes les eaux-fortes pour le Théâtre, sur Chine volant.
2° La suite de 35 eaux-fortes d'après Boucher, publiée par Lemerre, gravées par Boilvin, Courtry, Rajon, Mongin, Le Rat, etc., etc., en **2 états**, avec la lettre sur papier de Hollande et avant la lettre sur papier de Chine volant.
</blockquote>

135. **MOLIÈRE.** Théâtre complet de J.-B. Poquelin de Molière, publié par D. Jouaust. Préface par M. D. Nisard

de l'Académie française. Dessins de Louis Leloir, gravés
à l'eau-forte par Flameng. *Paris, Librairie des Bibliophiles,* 1876-1882, 8 vol. gr. in-8, port. et fig., demi-rel.
dos et coins de mar. bleu, dos ornés, fil., non rog., couv.
(*Allô*).

<small>L'un des **25** exemplaires sur **papier de Chine** (n° 12) avec les gravures **avant la lettre**.</small>

136. **MOLIÈRE**. Œuvres complètes de Molière, revues sur
les textes originaux, par Adolphe Regnier. *Paris, Imprimerie nationale,* 1878, 5 vol. in-4, papier vergé, demi-rel.
dos et coins de mar. vert, dos ornés de 5 fil. droits et
courbés, fil. sur les plats, non rog., couv. (*Allô*).

<small>Très belle édition. Exemplaire absolument non rogné auquel on a ajouté :
1° Un joli portrait de Molière par A. Gilbert.
2° La suite des 34 estampes publiée par Morgand et Fatout, dessinées et gravées à l'eau-forte par Ad. Lalauze. Epreuves d'artistes tirées à **80** exemplaires numérotés sur **papier du Japon** (n° 56). Très-rare.
3° La suite des 50 eaux-fortes par Foulquier, publiée par A. Mame. Epreuves tirées sur **papier de Chine** volant.
4° Une figure à l'eau-forte non signée pour *L'Imposteur :* Epreuve tirée sur papier du Japon mince avant la lettre.
5° Deux figures dessinées et gravées à l'eau-forte par Ad. Lalauze. Epreuves tirées sur **papier de Hollande** avant la lettre. L'une pour *Les Femmes savantes* et l'autre pour *Le Malade imaginaire.*</small>

137. **Molière**. Œuvres. Suite de 21 portraits dessinés par
MM. Geffroy et Maurice Sand, gravés par MM. Wolf et
Manceau. *Paris, P. Mellado,* 1868, in-8 en feuilles à
toutes marges.

<small>Epreuves en **2 états**, dont l'un en noir tiré sur **papier de Chine**, et l'autre colorié.</small>

138. **Molière**. Trente-quatre estampes pour les Œuvres de
Molière, dessinées et gravées à l'eau-forte par Adolphe
Lalauze. *Paris, D. Morgand,* 1876, in-4 en feuilles à
toutes marges.

<small>Epreuves d'artiste tirées à **80** exemplaires sur **papier du Japon** (n° 21).</small>

139. **Molière**. Cinquante vignettes pour les Œuvres de
Molière, dessinées et gravées à l'eau-forte par Valentin

Foulquier. *Paris, Morgand*, 1878, in-4 en feuilles à toutes marges.

<small>Epreuves d'artiste tirées à **100** exemplaires sur **papier du Japon**.</small>

140. **Molière**. Trente-et-une eaux-fortes pour les Œuvres de Molière. Dessins de Louis Leloir, gravés par L. Flameng. *Paris, A. Fontaine*, 1880-1881, in-4 en feuilles à toutes marges.

<small>Epreuves avant la lettre sur **papier du Japon** tirées à **10 exemplaires** (n° 1) auxquelles on a ajouté une suite sur **papier de Chine** avec la lettre.</small>

141. **Molière**. Suite de 24 estampes des Œuvres de Molière, d'après les dessins de Emile Bayard, gravées à l'eau-forte par P. Teyssonnières, Ad. Lalauze et J. Dupont. *Paris, D. Morgand,* 1883, in-4 en feuilles à toutes marges.

<small>Epreuves d'artiste tirées à **100** exemplaires sur **papier du Japon** (n° 33).</small>

142. **Molière**. Illustrations pour le Théâtre de Molière, dessinées et gravées à l'eau-forte par Edmond Hédouin. *Paris, Damascène Morgand*, 1888, in-4 en feuilles à toutes marges.

<small>Suite de **35** figures en **3 états**, tirées sur papier vélin du Marais : eaux-fortes pures et épreuves d'artiste avec signature de l'artiste au crayon, et épreuves avec la lettre.</small>

143. **MONNIER et PHILIPPON**. Mœurs administratives, dessinées d'après nature par Henry Monnier, ex-employé au ministère de la Justice. 1828. *Paris, Delpech*, 12 planches lithographiées en couleurs. — Jadis et aujourd'hui, par Henry Monnier, 1829. *Paris, Delpech*, 18 planches lithographiées en couleurs.— Les petites misères humaines par Henry Monnier. *Paris, Delpech, s, d.*, 5 planches lithographiées en couleurs. — Les petites félicités humaines, par Henry Monnier. *Paris, Delpech, s. d.*, 5 planches lithographiées en couleurs. — Album pour Rire, par Ch. Philippon. *Paris, chez Osterwald aîné (Lith. de Ducarme)*,

*s. d.*, 25 planches lithographiées en couleurs. Ens. 5 ouvrages en 1 vol. in-4 oblong, demi-rel. chag. brun, tr. peig., couvertures.

<small>65 planches lithographiées en couleurs.</small>

144. **MONNIER, LAMI** et **VERNET**. Recueil de lithographies coloriées. En 1 vol. pet. in-fol. oblong, demi-rel. bas.

<small>Ce volume renferme les suites suivantes :
1º Henri Monnier. Tribulations des gens à équipages, 6 pièces et couverture.
2º — Les Passe-temps, 6 pièces et couverture.
3º — Mœurs administratives, 6 pièces et couverture.
4º — Boutiques de Paris, 6 pièces et couverture.
5º — Esquisses parisiennes, 5 pièces et couverture.
6º Eugène Lami. Six quartiers de Paris, 6 pièces et couverture.
7º Carle Vernet. Cris de Paris, 100 pièces.
Ensemble : **135** pièces.</small>

145. **MONTAIGNE**. Essais de Michel de Montaigne, avec les notes de tous les commentateurs. Edition publiée par J.-V. Le Clerc. *A Paris, chez Lefèvre*, 1826, 5 vol. gr. in-8, port., demi-rel. dos et coins de mar. violet à longs grains, dos ornés à froid à la Cathédrale, non rog. (*Thouvenin*).

<small>Bel exemplaire sur grand papier vélin, avec le portrait de Montaigne avant la lettre.</small>

146. **Morin** (Louis). Vieille Idylle. Douze Pointes sèches et Vingt Ornements typographiques par l'auteur. *Paris, L. Conquet*, 1891, in-16, br., couv. impr. en couleurs.

<small>L'un des 200 exemplaires tirés sur papier vélin non mis dans le commerce.</small>

147. **Muller** (Eugène). La Mionette. 28 Compositions de O. Cortazzo, gravées à l'eau-forte par Abot et Clapès. *Paris, L. Conquet*, 1885, in-12, demi-rel. dos et coins de mar. La Vallière clair, dos orné à petits fers, fil. sur les plats, non rog., couv. (*Cuzin père*).

<small>L'un des **30** exemplaires tirés sur grand **papier du Japon** (nº 22) avec les eaux-fortes en **3 états**, dont l'eau-forte pure.</small>

148. **MURGER** (Henri). Scènes de la Bohême, par Henri Murger, avec un frontispice et douze gravures à l'eau-forte par Adolphe Bichard. Publié sur l'édition originale (Paris, 1851). *A Paris, Imprimé pour les Amis des Livres, par D. Jouaust*, 1879, in-8, demi-rel. dos et coins de mar. vert, dos orné, fil., non rog., couv. (*Allô*).

<small>Edition tirée à **118** exemplaires contenant les figures en **2 états**, sur Hollande *avec la lettre*, et sur Japon *avant la lettre*.
Exemplaire n° 36, au nom de M. Daguin.</small>

149. **MUSSET** (Alfred de). Œuvres complètes de Alfred de Musset, avec lettres inédites, variantes, notes, index, fac-similé, notice biographique par son frère. Edition dédiée aux amis du poète, ornée de 28 dessins de M. Bida et d'un portrait d'Alfred de Musset d'après l'original de M. Landelle, gravés sur acier sous la direction de M. Henriquel Dupont, par les premiers artistes. *Paris, Charpentier*, 1866, 10 vol. gr. in-8, demi-rel. dos et coins de mar. orange, dos ornés, fil. sur les plats, têtes dor., non rog. (*Cuzin père*).

<small>Edition des Amis du poète. Exemplaire sur grand papier de Hollande (n° 47 imprimé pour M. E. Daguin) contenant la suite des 28 figures de Bida, épreuves avant la lettre sur Chine, avec les légendes sur papier lilas.
On y joint :
Illustrations pour les Œuvres de Alfred de Musset, aquarelles par Eugène Lami, eaux-fortes par Adolphe Lalauze. *Paris, D. Morgand*, 1883, in-4, demi-rel. dos et coins de mar. orange, dos orné, fil., non rog., couv. (*Allô*).
Collection de 59 estampes y compris un grand fleuron de titre (portrait de Musset) et 4 frontispices précédés du fac-similé d'une lettre autographe d'Alexandre Dumas, fils.
Exemplaire sur **papier du Japon** contenant les épreuves en double état, **eaux-fortes pures** et **épreuves d'artiste** terminées avec remarques gravées sur la planche.</small>

150. **MUSSET** (Alfred de). Nouvelles. — Les Deux maîtresses ; Emmeline ; Le Fils du Titien ; Frédéric et Bernerette ; Pierre et Camille — Nouvelle édition illustrée de un portrait gravé par Burney, d'après une miniature de Marie Moulin, et de 15 compositions de F. Flameng et O. Cortazzo, gravées à l'eau-forte par Mordant et Lucas.

*Paris, L. Conquet*, 1887, in-8 jésus, demi-rel. dos et coins de mar. rouge, dos orné, fil. sur les plats, non rog., couv. (*Cuzin père*).

<small>L'un des exemplaires tirés sur grand papier vélin (n° 108) contenant les eaux-fortes en **3 états**, dont l'eau-forte pure.</small>

151. **Musset** (Alfred de). Eaux-fortes pour les Œuvres de Alfred de Musset, gravées d'après les dessins de J.-P. Laurens, Ad. Moreau, Giacomelli et Gervex, pour l'édition publiée par la Bibliothèque Charpentier. *Paris, D. Morgand*, 1884, in-4, en feuilles, couv.

<small>Un portrait et 10 figures, épreuves avant la lettre sur **papier du Japon**.</small>

152. **Nadaud.** Chansons populaires, de salon, et légères, de Gustave Nadaud. Eaux-fortes par Edmond Morin. *Paris, Librairie des bibliophiles*, 1879, 3 vol. in-8, demi-rel. dos et coins de mar. rouge, dos ornés à petits fers avec lyres, fil. sur les plats, non rog., couv. (*Allô*).

<small>L'un des **20** exemplaires tirés sur **papier de Chine** (n° 9) avec les gravures en **2 états** *avant* et *avec* la lettre.</small>

153. **Nodier** (Charles). Histoire du Roi de Bohême et de ses sept châteaux (par Charles Nodier). *Paris, Delangle frères*, 1830, in-8, cart. non rog. (*Cart. de l'époque*).

<small>Edition originale illustrée de 50 vignettes finement gravées sur bois par Porret d'après Tony Johannot.
Exemplaire sur **papier de Hollande** absolument non rogné auquel on a ajouté le premier plat de la couverture.</small>

154. **NODIER** (Charles). Journal de l'Expédition des Portes de Fer, rédigé par Charles Nodier, de l'Académie française. *Paris, Imprimerie royale*, 1844, gr. in-8, mar. rouge, dos orné, compart. de fil., dent., couronne et chiffres de S. A. R. Mgr le duc d'Orléans sur les plats, dent. int., tr. dor. (*Capé*).

<small>Superbe livre illustré de figures hors texte, sur papier de Chine, avant</small>

la lettre, et de nombreuses vignettes dans le texte d'après *Raffet, Decamps, Dauzats*.

Ce volume, un des chefs-d'œuvre de l'illustration au XIX⁰ siècle, a été imprimé pour être offert en présent. (Celui-ci porte le nom de M. Brun d'Aubignose, officier d'ordonnance du Roi).

Très bel exemplaire dans une belle reliure de Capé, et auquel on a ajouté un joli portrait en pied de S. A. R. Mgr le duc d'Orléans, d'après Ingres, épreuve sur Chine volant, publié par Goupil et Vibert.

155. **Parny.** Œuvres choisies de Parny, augmentées des variantes, de texte et de notes. *A Paris, chez Lefèvre*, 1827, gr. in-8, demi-rel. dos et coins de mar. vert clair, dos orné et mosaïqué, non rog. (*Thouvenin*).

Bel exemplaire sur grand papier vélin.

156. **Pascal.** Lettres écrites à un provincial par Blaise Pascal, précédées d'un essai sur les provinciales et sur le style de Pascal. — Les Pensées de Blaise Pascal, suivies d'une nouvelle table analytique. *A Paris, chez Lefèvre*, 1826. Ens. 2 vol. gr. in-8, portr., demi-rel. dos et coins de mar. brun, dos ornés, fil. sur les plats, non rog. (*Bauzonnet*).

Exemplaire sur grand papier vélin avec le portrait de Pascal *avant la lettre*.

157. **Pellico** (Silvio). Mes Prisons, suivi des Devoirs des hommes, par Silvio Pellico, traduction nouvelle, par le comte H. de Messey, revue par le vicomte Alban de Villeneuve, avec une notice biographique et littéraire sur Silvio Pellico et ses ouvrages, par M. V. Philipon de la Madelaine. Edition illustrée d'après les dessins de MM. Gérard, Séguin, d'Aubigny, Steinheil, etc., etc. *Paris, H.-L. Delloye*, 1844, gr. in-8, demi-rel. dos et coins de mar. La Vallière foncé, dos orné, fil. sur les plats, non rog., couv. (*Allo*).

Exemplaire de premier tirage absolument non rogné, avec la couverture.

158. **PERRAULT.** Contes du temps passé, par Charles Perrault, contenant les Fées, le petit Chaperon-Rouge,

Barbe-Bleue, le Chat botté, la Belle au bois dormant, Cendrillon, le Petit-Poucet, Riquet à la Houpe et Peau-d'Ane ; précédés d'une notice littéraire sur Charles Perrault par M. E. de La Bédollière, illustrés par MM. Pauquet, Marvy, Jeanron, Jacque et Beaucé, texte gravé par M. Blanchard. *Paris, L. Curmer*, 1843, gr. in-8, demi-rel. dos et coins de mar. grenat clair, dos orné à petits fers, fil. sur les plats, non rog. (*Allô*).

<small>Exemplaire de premier tirage absolument non rogné.</small>

159. **PERRAULT**. Contes du temps passé par Charles Perrault, contenant : les Fées, le petit Chaperon-Rouge, Barbe-Bleue, le Chat botté, la Belle au bois dormant, Cendrillon, le Petit-Poucet, Riquet à la Houpe et Peau-d'Ane ; précédés d'une notice littéraire sur Charles Perrault, par M. E. de La Bédollière, illustrés par MM. Pauquet, Marvy, Jeanron, Jacque et Beaucé. Texte gravé par M. Blanchard. *Paris, L. Curmer*, 1843, gr. in-8, demi-rel. dos et coins de mar. bleu, dos à 5 nerfs avec 3 fil. gras et maigres, fil. sur les plats, tr. ébarbée (*Allô*).

<small>Exemplaire de premier tirage avec la couverture.</small>

160. **Perrault**. Les Contes des Fées, en prose et en vers, de Charles Perrault. Nouvelle édition, revue et corrigée sur les éditions originales, et précédées d'une lettre critique, par Ch. Giraud. *Paris, Imprimerie impériale (Leclère fils, libraire)*, 1864, in-8, portr. et fig., demi-rel. dos et coins de mar. citron, dos orné à petits fers et ornem. mosaïque de mar. rouge, fil. sur les plats, tête dor., non rog. (*Allô*).

<small>Tiré à 400 exemplaires numérotés sur papier vergé de Hollande (n° 88).</small>

161. **Perrault**. Les Contes de Fées en prose et en vers, de Charles Perrault. Deuxième édition, revue et corrigée sur les éditions originales et précédée d'une lettre critique par Ch. Giraud. *Lyon, Imprimerie Louis Perrin*, 1865,

in-8, portr. et fig., demi-rel. dos et coins de mar. rouge, dos orné, fil., téte dor., non rog., couv.

<small>2 portraits de Perrault, l'un dessiné et gravé par Annedouche, l'autre par Rebel d'après Eisen, 4 figures et 12 vignettes.</small>

162. **Petitot.** Les Emaux de Petitot, du Musée Impérial du Louvre. Portraits de personnages historiques et de femmes célèbres du Siècle de Louis XIV, gravés au burin par M. L. Ceroni. *Paris, Blaisot*, 1862-1864, 2 vol. in-4, demi-rel. dos et coins de mar. rouge, ornem. dor. et en mosaïque de mar. bleu sur le dos, fil. sur les plats, tête dor., non rog. (*Allo*).

<small>Exemplaire avec les portraits avant la lettre tirés sur papier vélin.</small>

163. **Les Petits Français.** *Paris, Librairie pittoresque de la jeunesse*, 1842, in-18, cart. dos et coins de perc., non rog., couv.

<small>Premier tirage.
Edition illustrée de vignettes dans le texte, et de 23 types hors texte, gravés sur bois, d'après Gavarni, Geniole, Henry Monnier, et Emile Wattier.</small>

164. **PLÉIADE** (La), ballades, fabliaux, nouvelles et légendes. Homère, Véda-Vyasa, Marie de France, Bürger, Hoffmann, Ludwig Tieg, Ch. Dickens, Gavarni, H. Blaze. *Paris, L. Curmer*, 1842, in-8, demi-rel. dos et coins de chag. vert, dos orné, fil., tête dor., non rog. (*Rel. de l'époque*).

<small>Ouvrage rare et recherché, très finement illustré de nombreuses eaux-fortes et de vignettes sur bois.</small>

165. **PREVOST** (l'abbé). Histoire de Manon Lescaut et du Chevalier des Grieux, par l'abbé Prévost. Edition illustrée par Tony Johannot, précédée d'une notice historique sur l'auteur, par Jules Janin. *Paris, Ernest Bourdin, s. d.* (1839), gr. in-8, mar. rouge, dos orné à petits fers, 3 fil. sur les plats, dent. int., tête dor., non rog. (*Petit*).

<small>Exemplaire sur **papier de Chine** imprimé d'un seul côté, illustré d'un frontispice en camaïeu, 90 vignettes, culs-de-lampe, titres et lettres ornées, gravées sur bois, et 18 planches tirées à part sur Chine *avant la lettre*.</small>

166. **PRÉVOST** (l'abbé). Histoire de Manon Lescaut et du Chevalier des Grieux, par l'abbé Prévost, précédée d'une préface par Alexandre Dumas fils. *Paris, Glady frères*, 1875, in-8, portr., eaux-fortes par Léop. Flameng, fleurons, têtes de chapitres, culs-de-lampe et lettrines par E. Reiber, mar. rouge. dos orné à petits fers, filets droits et au pointillé, large dent. à petits fers, doublé de mar. bleu, fil. et petite dent. formant encadrement, mors de mar. rouge, gardes en moire bleue, doubles gardes, tr. dor. sur brochure, étui (*Lortic*).

Très bel exemplaire.
L'un des **50** tirés sur **papier de Chine** (n° 33) avec les eaux-fortes **avant la lettre**.
On y a ajouté la suite des 6 eaux-fortes par Hédouin tirées sur papier de Chine volant, épreuves avant la lettre.

167. **Prévost** (l'abbé). Histoire de Manon Lescaut et du Chevalier des Grieux, par l'abbé Prévost. Préface de Guy de Maupassant. Illustrations de Maurice Leloir. *Paris, H. Launette*, 1885, in-4 en feuilles, dans le cart. illustré de l'éditeur, couv.

L'un des **75** exemplaires sur **papier du Japon** (n° 63) contenant les gravures en **3 états**, dont l'eau-forte pure, et le tirage à part sur Japon de tous les dessins et ornements gravés sur bois.

168. **Rabelais.** Œuvres de François Rabelais contenant la vie de Gargantua et celle de Pantagruel, précédées d'une notice historique sur la vie et les ouvrages de Rabelais, par P. L. Jacob, bibliophile. Illustrations par Gustave Doré. *Paris, J. Bry, ainé*, 1854, in-4, demi-rel. dos et coins de mar. brun, dos orné, fil. sur les plats, non rog., couv. (*Allo*).

Exemplaire de premier tirage des illustrations de G. Doré, avec la couverture imprimée en couleurs.

169. **Racine.** Théâtre de Jean Racine, orné de vignettes, gravées à l'eau-forte sur les dessins d'Ernest Hillemacher,

par Frédéric Hillemacher. *Paris, Librairie des bibliophiles*, 1873-1874, 4 vol. gr. in-8, demi-rel. dos et coins de mar. bleu, ornem. et attributs dor. sur les dos, fil. sur les plats, tête dor., non rog., couv. (*Alló*).

> L'un des **100** exemplaires tirés sur grand **papier de Hollande** (n° 28) auquel on a ajouté :
> La suite de 1 portrait dessiné et gravé par A. Saint Aubin, et 12 figures de Moreau, épreuves sur blanc avec la lettre, publiée par Renouard.

170. **Racine.** Les Œuvres de Jean Racine. Texte original avec variantes, notice par Anatole France. *Paris, Alphonse Lemerre, s. d.*, 5 vol. in-12, port. et fig., demi-rel. dos et coins de mar. bleu, dos ornés, fil., non rog., couv. (*Alló*).

> L'un des **120** exemplaires sur papier **Whatman** (n° 7) contenant 13 eaux-fortes d'après Gravelot gravées par Monziès, en 2 états, avec et avant la lettre.

171. **Regnard.** Voyage de Normandie de J.-F. Regnard. Préface par G. Bourbon. Illustrations de Ch. Denet. *Evreux, Imprimerie de Charles Hérissey*, 1883, pet. in-18, br.; couv.

> L'un des 300 exemplaires sur papier du Japon, tirés pour la Librairie Conquet.

172. **Relation** des fêtes données par la ville de Paris, et de toutes les cérémonies qui ont eu lieu dans la capitale à l'occasion de la naissance et du baptême de S. A. R. Mgr le duc de Bordeaux (Publiée par R. Alissan de Chazet). *Paris, Petit*, 1822, in-12, figure représentant la duchesse de Berry, présentant le duc de Bordeaux au peuple, dess. par Abel de Pujol, gr. par Couché fils, mar. rouge à long grain, dos et angles fleurdelisés, fil., dent. et armoiries de la ville de Paris sur les plats, doublé et gardes de tabis, tr. dor. (*Rel. de l'époque*).

> On lit sur le feuillet de garde : « A Madame la Baronne Saullay de l'Aistre.
> Offert en témoignage d'une respectueuse amitié ».

173. **Rousseau** (J.-J.). Les Confessions, avec une préface par Marc-Monnier. Treize Eaux-fortes par Ed. Hédouin. *Paris, Librairie des Bibliophiles*, 1881, 4 vol. in-8, port. et fig., demi-rel. dos et coins de mar. bleu, dos ornés, fil. sur les plats, non rog., couv. (*Allo*).

L'un des **20** exemplaires sur **papier de Chine** (n° 28), contenant les figures en 2 états, *avant* et *avec la lettre*.

174. **Saintine**. La mythologie du Rhin, par X.-B. Saintine, illustrée par Gustave Doré. *Paris, Hachette et Cie*, 1862, gr. in-8, demi-rel. dos et coins de mar. La Vallière, dos orné de fil., non rog., couv. (*Allo*).

Premier tirage.

175. **Saintine**. Picciola, par X.-B. Saintine. Edition illustrée de Cent vingt-cinq vignettes gravées sur bois, par Porret, graveur de l'Imprimerie Royale, d'après les dessins de M^me L. Huet, et de MM. Tony Johannot, C. Nanteuil, Français, J. Gagniet. *Paris, Administration de Librairie*, 1843, gr. in-8, demi-rel. dos et coins de mar. vert, dos orné à petits fers avec ornem. de fleurs en mosaïque de mar. rouge et citron, fil. sur les plats, non rog., couv. (*Allo*).

Exemplaire de premier tirage, avec la couverture.

176. **SAINT-LAMBERT**. Les Saisons, poëme par Saint-Lambert. Nouvelle édition ornée d'une gravure. *A Paris, chez Janet et Cotelle*, 1823, gr. in-8, 1 fig. par Roger, d'après Desenne, mar. violet à longs grains, dos à quatre nerfs, orné de petits compart. mosaïqués et dorés, 14 filets sur les plats avec ornements aux angles, encadrant une rosace en mosaïque sertie or, et mar. rouge, vert et violet foncé, doublé de mar. vert, large bande de mar. violet formant encad. avec filets et ornements aux angles et aux milieux des côtés, dent. à froid, milieux dorés, non rog. (*Vogel*).

Beau spécimen de reliure romantique.

177. **SAINT-PIERRE** (Bernardin de). **Paul** et **Virginie** (suivi de la Chaumière indienne), par J.-H. Bernardin de Saint-Pierre. *Paris, L. Curmer, 25, rue Sainte-Anne,* 1838, gr. in-8, portr. et fig., demi-rel. dos et coins de mar. rouge, dos orné à petits fers, fil. sur les plats, non rog., couv. (*Allo*).

**Bel exemplaire** de premier tirage, avec les deux plats de la première couverture, contenant :
Le Portrait *de B. Saint-Pierre*, en 2 états (avant la sphère et avant toute lettre. — et avec la sphère).
La *Carte*, en 2 états (en noir et en couleurs).
Les Figures sur acier :
*Marguerite abandonnée*, en 2 états (dont un avec les noms des artistes à la pointe).
M*me de la Tour*, en 2 épreuves (dont 1 par J. Jonkins, gravé par J. Cochran).
Le Portrait du *Docteur*, en 3 épreuves (par Parsons, gravé par H. Cook. — par Meissonier, dont 1 avec les noms des artistes à la pointe, et avant le filet d'encadrement).
*La jeune Bramine*, en 2 états, dont 1 avant toute lettre, avec l'étoile au front (sur papier de Chine volant).
*Le Portrait de la bonne femme* (dont le tirage à part sur papier du Japon et sur Chine volant oblitéré).
Une grande page autographe de Bernardin de Saint-Pierre (fragment de lettre daté de 1781, adressé à Monsieur Dutaillis, son frère, prisonnier à la Bastille.
En outre, on a réuni dans un **Album**, même reliure, les pièces suivantes :
1° Un beau portrait gravé par Lignon, d'après Girodet ; 8 gravures d'après Lafitte, Moreau, Girodet, Vernet, Prudhon, Isabey, pour Paul et Virginie ; 2 gravures d'après Desenne pour la Chaumière indienne, épreuves en divers états (Savoir : 2 avant la lettre sur Chine et eaux-fortes sur blanc : 1 avant la lettre sur blanc, et eau-forte sur Chine ; 2 avant la lettre et eaux-fortes sur blanc ; 4 avant la lettre sur blanc ; 1 avant la lettre sur blanc et eau-forte sur Chine : 4 avant la lettre sur blanc).
Publié par Méquignon-Marvis, 1818.
2° Portrait de Bernardin d'après Girodet, et 11 grandes gravures in-8 d'après Corbould ; 5 pour Paul et Virginie ; 3 pour la Chaumière ; 3 pour l'Arcadie. — Sieurin, dans *Manuel de l'Amateur d'Illustrations* nous apprend que le troisième sujet gravé pour la *Chaumière*, représentant l'*Arrivée du Docteur chez le paria*, n'a pas été entièrement terminé ; l'acier a été volé lors de la publication, et on en rencontre difficilement des épreuves. Ces aciers, achetés dans une vente par un libraire russe, ont été détruits dans le naufrage du navire qui les transportait. Epreuves en 2 états avant la lettre et eaux-fortes tirées sur Chine (sauf une gravure qui se trouve seulement à l'état d'eau-forte).
Publié par Lequien, 1830.
3° La suite de 9 gravures de Corbould, in-18 à claire-voie, pour une édition donnée par *Lefèvre* : 5 pour Paul, 4 pour la Chaumière, épreuves en 2 états avant la lettre et eaux-fortes tirées sur Chine.
4° Portrait de Bernardin de Saint-Pierre en médaillon et 5 jolies gravures in-18 d'après Desenne, épreuves en 3 états, sur Chine avant la

lettre (2 fois) et eaux-fortes sur Chine (sauf une gravure qui ne se trouve que sur Chine avant la lettre (2 fois) et le portrait en un seul état sur Chine avant la lettre.

5° Une gravure in-18 d'après Desenne, épreuve en 3 états sur Chine avant la lettre (2 fois) et l'eau-forte sur Chine.

6° Un joli titre gravé, représentant le berceau de Paul et Virginie. *Paris, Aimé André*, 1823, et 4 gravures in-8 d'après Desenne, gravées en Angleterre par Heath, épreuves sur blanc avant la lettre.

7° Une eau-forte in-32.

8° La suite des 8 eaux-fortes dess. et grav. par Ad. Lalauze, épreuves sur Japon avant la lettre, avec signature de l'artiste, au crayon.

9° La suite des 6 eaux-fortes par Laguillermie, épreuves sur Japon avant toute lettre.

10° La suite des 7 eaux-fortes dess. et grav. par Edmond Hédouin, épreuves en 2 états, avant toute lettre sur Chine volant, et eaux-fortes pures sur Hollande.

11° Portrait de Bernardin de Saint-Pierre, en médaillon, épreuve sur Chine avant la lettre.

12° Portrait de Bernardin de Saint-Pierre, gravé par Bertonnier, épreuve sur Chine avant la lettre.

13° Portrait de Bernardin de Saint-Pierre, par Lafitte, gravé par Pelée, épreuve avant la lettre et avant la Sphère.

14° Portrait du Docteur, par Meissonier, gravé par Pigeot.

178. **Sand** (George). La Mare au Diable. Edition enrichie de dix-sept Illustrations composées et gravées à l'eau-forte par Edmond Rudaux. *Paris, Collection Calmann Lévy, Maison Quantin*, 1889, gr. in-8, br., couv.

Edition spéciale à **100** exemplaires imprimée sur **grand papier vélin** du Marais pour le compte de L. Conquet (n° 1) et contenant les eaux-fortes en **3 états** dont l'eau-forte pure.

179. **Sandeau** (Jules). Un Début dans la magistrature. *Paris, Calmann Lévy (pour L. Conquet)*, 1887, pet. in-8, port. et fig., demi-rel. dos et coins de mar. rouge, dos orné, fil., non rog., couv.

L'un des **225** exemplaires sur papier vélin du Marais (n° 202) illustré de 1 portrait par Lehman et de 12 compositions de Baugnies, gravés à l'eau-forte par Deville.
Epreuves en **3 états** dont l'eau-forte pure.

180. **SCÈNES de la VIE PRIVÉE et PUBLIQUE des ANIMAUX.** Vignettes par Grandville. — Etudes de mœurs contemporaines publiées sous la direction de P.-J. Stahl, avec la collaboration de MM. de Balzac, E. de La Bédollière, J. Janin, Ch. Nodier, G. Sand, etc. *Paris, J.*

*Hetzel et Paulin*, 1842, 2 vol. gr. in-8, demi-rel. dos et coins de mar. bleu, dos mosaïqués, fil. sur les plats, non rog., couv. (*Allô*).

> Bel exemplaire absolument non rogné, avec les couvertures conservées, et toutes les couvertures des livraisons reliées à la fin de chaque volume.
> Le prospectus de publication se trouve en tête du premier volume, il porte au-dessous du nom des Editeurs, celui de Bouquin de la Souche, Passage Vendôme, 15.

181. **Scènes** de la vie privée et publique des Animaux. Vignettes par Grandville. — Etudes de mœurs contemporaines publiées sous la direction de P.-J. Stahl, avec la collaboration de MM. de Balzac, La Bédollière, J. Janin, Ch. Nodier, G. Sand, etc. *Paris, Hetzel et Paulin*, 1842, 2 vol. gr. in-8, demi-rel. dos et coins de mar. vert, dos ornés à petits fers, fil. sur les plats, tête dor., non rog. (*Cuzin père*).

181 bis. **Shakespeare.** Galerie des femmes de Shakespeare. Suite de 45 portraits gravés sur acier par les premiers artistes de Londres. *Paris, Delloye, s. d.* (1838), in-4, demi-rel. veau rouge, dos orné, non rog.

> Epreuves sur Chine.

182. **SOULIÉ** (Frédéric). Le Lion amoureux, par Frédéric Soulié. Nouvelle édition illustrée de 19 vignettes dessinées par Sahib et gravées au burin sur acier par Nargeot, avec Notice historique et littéraire, par Ludovic Halévy. *Paris, L. Conquet*, 1882, in-12, demi-rel. dos et coins de mar. bleu, dos orné, fil. sur les plats, tête dor., non rog., couv. (*Allô*).

> L'un des **50** exemplaires tirés sur **grand papier du Japon** blanc (n° 33) avec le tirage à part des vignettes en plein Japon et en justification.

183. **STAAL** (Mme de). Mémoires de Madame de Staal (Mademoiselle Delaunay). Un portrait et trente compositions de C. Delort, gravés au burin et à l'eau-forte par L. Bois-

son. Préface de R. Vallery-Radot. *Paris, Librairie L. Conquet,* 1891, in-8, br., couv.

<small>L'un des **30** exemplaires sur **grand papier vélin du Marais** (n° 14) contenant les eaux-fortes en **3 états**, dont l'eau-forte pure.</small>

184. **STENDHAL**. La Chartreuse de Parme, par M. de Stendhal (Henri Beyle). Réimpression textuelle de l'édition originale, illustrée de 32 eaux-fortes par V. Foulquier, préface de Francisque Sarcey. *Paris, L. Conquet,* 1883, 2 vol. in-8 raisin, demi-rel. dos et coins de mar. brun, dos ornés de 5 filets droits et courbés, fil. sur les plats, non rog., couv. (*Allô*).

<small>L'un des **25** exemplaires tirés sur **papier du Japon** (n° 25), contenant **3 états** des eaux-fortes, dont l'eau-forte pure.</small>

185. **STENDHAL**. Le Rouge et le Noir, par M. de Stendhal (Henri Beyle). Réimpression textuelle de l'édition originale, illustrée de 80 eaux-fortes par H. Dubouchet. Préface de Léon Chapron. *Paris, L. Conquet,* 1884, 3 vol. gr. in-8, port., demi-rel. dos et coins de mar. rouge, dos ornés, fil., non rog., couv. (*Allô*).

<small>L'un des **25** exemplaires tirés sur **papier du Japon** (n° 25), contenant les eaux-fortes en **3 états**, dont l'eau-forte pure.</small>

186. **Sterne** (Laurence). Le Voyage Sentimental en France et en Italie. Traduction nouvelle par Alfred Hédouin. Six eaux-fortes par Edmond Hédouin. *Paris, Librairie des Bibliophiles,* 1875, in-8, port. et fig., demi-rel. dos et coins de mar. rouge, dos orné, fil. sur les plats, non rog., couv. (*Allô*).

<small>L'un des **15** exemplaires tirés sur **papier de Chine** (n° 13), contenant les gravures en **2 états**, *avant* et *avec la lettre*.</small>

187. **Sterne** (Laurence). Voyage Sentimental en France et en Italie, traduction nouvelle et notice de M. Emile Blé-

mont, illustrations de Maurice Leloir comprenant 220 dessins dans le texte et 12 grandes compositions hors texte. *Paris, H. Launette*, 1884, gr. in-4, en feuilles, couv., dans un emboitage.

L'un des 100 exemplaires numérotés sur papier Whatman, orné d'une aquarelle originale par M. Maurice Leloir, et d'une double suite des photogravures, dont une tirée en bistre, épreuves avant la lettre.

188. **Süe** (Eugène). Le Juif Errant, par Eugène Süe. Edition illustrée par Gavarni. *Paris, Paulin*, 1845, 4 vol. gr. in-8, cart. dos et coins de perc. rouge, non rog.

Premier tirage, avec les couvertures.
Edition illustrée de nombreuses gravures sur bois, dans le texte et hors texte.

189. **Süe** (Eugène). Mathilde. Mémoires d'une jeune femme, par M. Eugène Süe. Nouvelle édition, revue par l'auteur. *Paris, Librairie de Charles Gosselin*, 1844-45, 2 vol. gr. in-8, cart. dos et coins de mar. vert, non rog.

Premier tirage, avec les couvertures.
Edition illustrée de nombreuses gravures sur bois, dont 68 grands sujets tirés à part, gravés par Porret, d'après Gavarni, Tony Johannot, Célestin Nanteuil, etc...

190. **Süe** (Eugène). Les Mystères de Paris par M. Eugène Süe. Nouvelle édition, revue par l'auteur. *Paris, Librairie de Charles Gosselin*, 1843-44, 4 vol. gr. in-8, cart. dos et coins de perc. grise, non rog.

Premier tirage avec les couvertures.
Ouvrage orné d'une grande quantité de gravures sur bois dans le texte, et de 81 grands sujets tirés à part, dont 47 sont gravés sur bois et 34 sur acier. Les dessins sont de Daumier, E. de Beaumont, Daubigny, Leloir, Nargeot, Traviès, Trimolet, etc., les gravures de Best, Leloir, Lavoignat, Kolb et autres.

191. **Swift.** Voyages de Gulliver dans des contrées lointaines par Swift. Edition illustrée par Grandville. Traduction nouvelle. *Paris, H. Fournier ainé, et Furne et Cie*, 1838,

2 vol. in-8, demi-rel. dos et coins de mar. vert, dos ornés, fil., non rog., couv. (*Allo*).

<small>Premier tirage de cette édition illustrée par Grandville, de 1 frontispice tiré sur Chine volant, et 450 vignettes sur bois intercalées dans le texte.</small>

192. **Swift**. Les quatre Voyages du Capitaine Lemuel Gulliver, traduction de l'abbé Desfontaines, revue, complétée et précédée d'une notice par H. Reynald. Gravures à l'eau-forte par Lalauze. *Paris, Librairie des Bibliophiles*, 1875. 2 vol. in-8, port. et fig., demi-rel. dos et coins de mar. rouge, dos ornés, fil. sur les plats, non rog., couv. (*Allo*).

<small>L'un des **15** exemplaires sur **papier de Chine** (n° 13) contenant les figures en **2 états**, *avant* et *avec la lettre*.</small>

193. **Swift** (Jonathan). Voyages de Gulliver, traduction nouvelle et complète par B.-H. Gausseron. Illustrations en couleur de Poirson. *Paris, Quantin, s. d.*, gr. in-8, demi-rel. dos et coins de mar. vert clair, dos mosaïqué, fil. sur les plats, non rog., couv. illust. (*Allo*).

<small>L'un des **100** exemplaires tirés sur **papier du Japon** (n° 85).</small>

194. **Taine**. Voyage aux Pyrénées, par H. Taine. Troisième édition, illustrée par Gustave Doré. *Paris, L. Hachette*, 1860, gr. in-8, demi-rel. dos et coins de mar. La Vallière, dos orné de fil., non rog., couv. (*Allo*).

<small>Premier tirage des 350 vignettes sur bois de Gustave Doré.</small>

195. **Theuriet** (André). Les Œillets de Kerlaz, par André Theuriet. Edition originale, illustrée de quatre eaux-fortes de Rudaux, de huit en-têtes et culs-de-lampe de Giacomelli, gravés par T. de Mare. *Paris, L. Conquet*, 1885, in-18, demi-rel. dos et coins de mar. bleu, dos orné, fil. sur les plats, non rog., couv.

<small>Exemplaire sur **papier du Japon**, offert par l'éditeur, contenant les eaux-fortes en **3 états**, dont l'eau-forte pure.</small>

196. **THEURIET** (André). Sous-Bois. Nouvelle édition, illustrée de soixante-dix-huit compositions de H. Giacomelli, gravées sur bois par Berveiller, Froment, Méaulle et Rouget, préface de Jules Claretie. *Paris, L. Conquet — G. Charpentier*, 1883, in-8, demi-rel. dos et coins de mar. grenat clair, dos orné de 4 filets et de feuillage dor., fil. sur les plats, non rog., couv. (*Cuzin père*).

L'un des **25** exemplaires tirés sur **papier de Chine** (n° **25**) avec tirage à part des illustrations.

197. **Tillier** (Claude). Mon Oncle Benjamin, nouvelle édition illustrée d'un portrait frontispice et de 42 dessins de Sahib gravés sur bois par Prunaire avec une préface de Monselet. *Paris, L. Conquet*, 1881, 2 vol. gr. in-8, cart. dos et coins de mar. rouge, non rog., couv. imp. en coul. (*Carayon*).

L'un des **25** exemplaires sur **papier de Chine** fort (n° 58) contenant le tirage à part de toutes les vignettes sur bois, en bistre, sur papier de Chine.

198. **VERNET** (Carle). Les Cris de Paris, dessinés d'après nature par Carle Vernet. *Paris, Delpech, s. d.*, in-4, pl., cart., ébarbé.

Collection de 100 planches lithographiées.
Les exemplaires non coloriés sont rares.

199. **VIGNY** (Alfred de). Servitude et Grandeur Militaires, par le Comte Alfred de Vigny. Dessins de H. Dupray, gravés à l'eau-forte par Daniel Mordant. *Paris, Imprimé pour les Amis des Livres, par A. Lahure*, 1885, gr. in-8, demi-rel. dos et coins de mar. rouge, dos orné de filets droits, en losange et au pointillé, fil. sur les plats, non rog., couv. (*Cuzin père*).

Edition tirée à **121** exemplaires sur **papier du Japon**, avec **3 états** des gravures dont l'eau-forte pure.
Exemplaire n° 23, au nom de M. Daguin.

200. **Voyage où il vous plaira**, par Tony Johannot, Alfred de Musset et P.-J. Stahl. *Paris, J. Hetzel*, 1843, in-4, vignettes sur bois gravées par Brugnot, Dujardin, Leloir, etc. (dont 63 tirées à part), demi-rel. dos et coins de mar. vert foncé, dos à 5 nerfs avec 2 fil. gras et maigre, fil. sur les plats, tête dor., non rog. (*Champs*).

Bel exemplaire de la première édition, avec deux couvertures différentes.

201. **Voyage où il vous plaira**, par Tony Johannot, Alfred de Musset et P. J. Stahl. *Paris, J. Hetzel*, 1843, in-4, fig. dans le texte et planches hors texte, br., couv.

Exemplaire de la première édition, avec la couverture.

202. **Zola** (Emile). Nouveaux contes à Ninon par Emile Zola. 1 frontispice et 30 compositions dessinés et gravés à l'eau-forte par Ed. Rudaux. *Paris, L. Conquet*, 1886, 2 vol. in-8, br., couv.

L'un des exemplaires sur grand **papier du Japon Impérial** (n° 105) contenant les eaux-fortes en **3 états** : eau-forte avec le nom de l'artiste, eau-forte avant toute lettre et eau-forte pure.

## ÉDITIONS MICROSCOPIQUES

203. **Catullus, Tibullus** et **Propertius.** *Londini, impensis G. Pickering*, 1824, in-48, titre gravé et figure, mar. rouge, dos orné à petits fers, fil., dent. int., tr. dor. (*Vve Niédrée*).

204. M. Tullii **Ciceronis** Cato Major ad T. Pomponium Atticum. *Lutetiae, Typis Joseph Barbou*, 1758, in-32, texte encadré de filets noirs, mar. rouge, dos orné, fil., tr. dor. (*Rel. anc.*).

Portrait de Cicéron, finement gravé par Ficquet d'après Rubens.

205. M. Tullii **Ciceronis** de Amicitia Dialogus, ad T. P. Atticum. *Lutetiae, Typis Jos. Barbou*, 1771, in-32, texte encadré de filets noirs, mar. rouge, dos orné, fil., tr. dor. (*Rel. anc.*).

    Portrait de Cicéron, finement gravé par Ficquet d'après Rubens.

206. M. Tullius **Cicero** de Officiis ad Marcum filium. *Lutetiae typis Jos. Barbou*, 1773, in-32, texte encadré de filets noirs, mar. rouge, dos orné, fil., tr. dor. (*Rel. anc.*).

    Un charmant frontispice par Moreau, gravé par Lemire.

207. M. T. **Ciceronis** libri de Officiis, de Senectute et de Amiciata. *Londini, typis C. Corrall, impensis G. Pickering*, 1821, in-48, titre gravé et portr., mar. rouge, dos orné à petits fers, fil., dent. int., tr. dor. (*Vve Niédrée*).

208. La Divina Commedia di **Dante** Alighieri. *Londra, presso C. Corrall, a spesi di G. Pickering*, 1823, 2 vol. in-48, titre gravé et portr., mar. rouge, dos ornés à petits fers, fil., dent. int., tr. dor. (*Vve Niédrée*).

209. **Gresset**. Ver-Vert, suivi de La Chartreuse, L'Abbaye et autres pièces. *Edition mignardise, chez Laurent et Deberny, Fondeurs en caractères, à Paris*, 1855, in-64, mar. rouge, dos orné à petits fers, fil., dent. int., tr. dor. sur brochure (*David*).

210. **Homeri**. Ilias et Odyssea graecum. *Londini, G. Pickering*, 1831, 2 vol. in-48, portr., mar. rouge, dos ornés à petits fers, fil., dent. int., tr. dor. (*Vve Niédrée*).

211. Quintus **Horatius** Flaccus. *Londini, G. Pickering*, 1824, in-48, titre gravé et figure, mar. vert, dos orné à petits fers au pointillé, fil., dent. int., tr. dor. sur brochure (*Cuzin père*).

212. Quintus **Horatius** Flaccus. *Londini, G. Pickering*, 1824, in-48, titre gravé et figure, mar. rouge, dos orné à petits fers, fil., dent. int., tr. dor. (*Vve Niédrée*).

213. Quinti **Horatii** Flacci. Opera omnia, recensuit Filon. *Parisiis, A. Sautelet*, 1828, in-64, mar. violet à long grain, dos orné, fil. et ornem. à petits fers et au pointillé sur les plats, fil. int., tr. dor., initiales sur le premier plat (*Rel. de l'époque*).

214. Quinti **Horatii** Flacci. Opera omnia, recensuit Filon. *Parisiis, A. Mesnier*, 1828, in-64, mar. rouge, dos orné à petits fers, fil , dent. int., tr. dor. sur brochure (*David*).

215. De **Imitatione** Christi, libri quatuor. Editio stereotypa. *Tornaci, E. Prelis J. Casterman et filiorum*, 1850, in-128, br., couv.

216. De **Imitatione** Christi libri quatuor. *Impressum Parisiis cura Edwini Tross*, 1858, in-48, figure du Christ, mar. La Vallière foncé, dos orné à petits fers et au pointillé, fil., dent. int., tr. dor. sur brochure (*David*).

217. Fables de J. de **La Fontaine**. Edition miniature. *Paris, Fonderie Laurent et Deberny*, 1850, in-64, mar. rouge, dos orné à petits fers, fil., dent. int., tr. dor. sur brochure (*David*).

218. Maximes et Réflexions morales du duc de **La Rochefoucault**. *Paris, Didot le jeune*, 1827, in-64, mar. rouge, dos orné à petits fers, fil., dent. int., non rog. (*Lortic*).

<small>Première édition, imprimée avec les caractères microscopiques de Henri Didot, fondus par son procédé polyamatipe.
L'un des **50** exemplaires tirés sur **papier de Chine** (n° 28).</small>

219. **Novum Testamentum** graecum. *Londini, G. Pickering*, 1828, in-48, figure, mar. rouge, dos orné à petits fers, fil., dent. int., tr. dor. (*Vve Niédrée*).

220. Le Rime del **Petrarca**. *Londra, presso C. Corrall, a spési di G. Pickering*, 1822, in-48, titre gravé et portr., mar. rouge, dos orné à petits fers, fil., dent. int., tr. dor. (*Vve Niédrée*).

221. La Gerusalemme liberata di Torquato **Tasso**. *Londra, presso C. Corrall, a spesi di G. Pickering*, 1822, 2 vol. in-48, titre gravé et portr., mar. rouge, dos ornés à petits fers, fil., dent. int., tr. dor. (*Vve Niédrée*).

222. Publius **Terentius** Afer. *Londini, typis C. Corrall, impensis G. Pickering*, 1823, in-48, titre gravé et portr., mar. rouge, dos orné à petits fers, fil., dent. int., tr. dor. (*Vve Niédrée*).

223. Publius **Virgilius** Maro. *Londini, typis C. Corrall, impensis G. Pickering*, 1821, in-48, mar. rouge, dos orné à petits fers, fil., dent. int., tr. dor. (*E. Niédrée*).

## II. — ROMANTIQUES

ET

## AUTEURS CONTEMPORAINS

EN

## ÉDITIONS ORIGINALES

### AUGIER (Emile).

224. La Ciguë, comédie en deux actes et en vers par Emile Augier. *Paris, Furne,* 1844. — Un Homme de Bien, comédie en trois actes et en vers par Emile Augier. *Paris, Furne,* 1845. — Gabrielle, comédie en cinq actes et en vers par Emile Augier. *Paris, Michel Lévy frères,* 1850. — Diane, drame en cinq actes en vers par Emile Augier. *Paris, Michel Lévy frères,* 1852. — Les Méprises de l'Amour, comédie en cinq actes et en vers par Emile Augier. *Paris, Michel Lévy frères,* 1852. — Ceinture dorée, comédie en trois actes en prose par Emile Augier. *Paris, Michel Lévy frères,* 1855. — Le Mariage d'Olympe, pièce en trois actes en prose par Emile Augier. *Paris, Michel Lévy frères,* 1855. — La Jeunesse, comédie en cinq actes en vers par Emile Augier. *Paris, Michel Lévy frères,* 1858. Ens. 8 pièces in-12, br.

Editions originales, avec les couvertures.

225. L'Aventurière, comédie en cinq actes et en vers par Emile Augier. *Paris, Hetzel*, 1848, in-8, br.

<small>Edition originale, avec la couverture.
Envoi autographe sur le faux-titre :</small>

<small>*A Hippolythe Ravergie,
Son Ami,*
E. AUGIER.</small>

226. Le Joueur de Flûte, comédie en un acte en vers par Emile Augier. *Paris, Blanchard*, 1851, in-12, br.

<small>Edition originale, avec la couverture.
Envoi autographe sur le faux-titre :</small>

<small>*A M. J. de Premaray,*
E. AUGIER.</small>

227. Diane, drame en cinq actes en vers par Emile Augier. *Paris, Michel Lévy frères*, 1852, in-12, br.

<small>Edition originale, avec la couverture.
Envoi autographe sur le faux-titre :</small>

<small>*A Jules de Premaray,
Hommage affectueux.*
E. AUGIER.</small>

228. Philiberte, comédie en trois actes et en vers par Emile Augier. *Paris, Michel Lévy frères*, 1853, in-12, br.

<small>Édition originale, avec la couverture.
Envoi autographe sur le faux-titre :</small>

<small>*A Jules de Premaray,
Son Ami,*
E. AUGIER.</small>

229. Le Gendre de M. Poirier, comédie en quatre actes en prose par Emile Augier et Jules Sandeau. *Paris, Michel Lévy frères*, 1854, in-12, br.

<small>Edition originale, avec la couverture.</small>

230. La Pierre de Touche, comédie en cinq actes et en prose par Emile Augier et Jules Sandeau. *Paris, Michel Lévy frères*, 1854. — Les Lionnes pauvres, pièce en cinq actes en prose par Emile Augier et Edouard Foussier. *Paris, Michel Lévy frères*, 1858. — Un Beau Mariage, comédie en cinq actes en prose par Emile Augier et Edouard Foussier. *Paris, Michel Lévy frères*, 1859. Ens. 3 pièces in-12, br.

<small>Editions originales, avec les couvertures.</small>

231. Maitre Guérin, comédie en cinq actes en prose par Emile Augier. *Paris, Michel Lévy frères,* 1865. — La Contagion, comédie en cinq actes en prose par Emile Augier. *Paris, Michel Lévy frères,* 1866. Ens. 2 pièces in-8, br.

Editions originales, avec les couvertures.

## BALZAC (Honoré de).

232. Physiologie du Mariage, ou Méditations de philosophie éclectique sur le bonheur et le malheur conjugal, publiées par un jeune célibataire (H. de Balzac). *Paris, Levavasseur. — Urbain Canel,* 1830, 2 vol. in-8, demi-rel. dos et et coins de mar. La Vallière foncé, dos à 5 nerfs avec 3 filets gras et maigres, fil. sur les plats, non rog., couv. (*Allô*).

Edition originale, avec les couvertures.

233. La Peau de Chagrin, roman philosophique par H. de Balzac. *Paris, Ch. Gosselin.— Urbain Canel,* 1831, 2 vol. in-8, 2 vignettes de Tony Johannot, grav. sur bois par Porret, tirées sur pap. de Chine, demi-rel. dos et coins de mar. vert, dos à 5 nerfs avec 3 filets gras et maigres, fil. sur les plats, non rog., couv. (*Allô*).

Edition originale, avec les couvertures.

234. Nouveaux Contes philosophiques par H. de Balzac. *Paris, Ch. Gosselin,* 1832, in-8, vignettes de T. Johannot, grav. sur bois par Porret, demi-rel. dos et coins de mar. rouge, dos à 5 nerfs avec 3 filets gras et maigres, fil. sur les plats, non rog., couv. (*Allô*).

235. LES CENT CONTES DROLATIQUES, colligez ès abbaïes de Touraine, et mis en lumière par le sieur de Balzac, pour l'esbattement des Pantagruelistes et non aultres.

*Se trouve à Paris, chez Ch. Gosselin et Ed. Werdet*, 1832-1833-1837, 3 vol. in-8, demi-rel. dos et coins de mar. rouge, dos à 5 nerfs avec 3 filets gras et maigres, fil. sur les plats, non rog., couv. (*Alló*).

<small>Edition originale, avec les couvertures.</small>

236. Scènes de la vie de province, par H. de Balzac. Premier volume. *Paris, Madame Charles Béchet*, 1834, in-8, demi-rel. dos et coins de mar. bleu, dos à 5 nerfs avec 3 filets gras et maigres, fil. sur les plats, non rog., couv. (*Alló*).

<small>Edition originale d'**Eugénie Grandet**, avec la couverture.
Ce volume forme le tome V des *Etudes de mœurs au XIX*$^e$ *siècle* et le tome I des *Scènes de la vie de province*.</small>

237. Le Père Goriot, histoire parisienne, publiée par H. de Balzac. *Paris, Werdet*, 1835, 2 vol. in-8, demi-rel. dos et coins de mar. rouge, dos à 5 nerfs avec 3 filets gras et maigres, fil. sur les plats, non rog., couv (*Alló*).

<small>Edition originale, avec les couvertures.</small>

238. Le Lys dans la Vallée, par H. de Balzac. *Paris, Werdet*, 1836, 2 vol. in-8, demi-rel. dos et coins de mar. La Vallière foncé, dos à 5 nerfs avec 3 filets gras et maigres, fil. sur les plats, non rog., (*Alló*).

<small>Edition originale.</small>

239. La dernière Fée (par H. de Balzac), accompagnée de Vie et Malheurs de Horace de Saint-Aubin, par M. Jules Sandeau. *Paris, Hippolyte Souverain*, 1836, 2 vol. in-8, demi-rel. dos et coins de mar. vert olive, dos ornés, fil., non rog. (*Alló*).

<small>Edition originale, avec les couvertures.</small>

## BARBIER (Auguste).

240. Iambes, par Auguste Barbier. *Paris, Urbain Canel et Ad. Guyot*, 1832, in-8, demi-rel. dos et coins de mar. rouge, dos à 5 nerfs avec 3 filets, fil. sur les plats, non rog., couv. (*Allô*).

Edition originale, avec la couverture.

241. Satires et Poèmes, par Auguste Barbier. *Paris, Félix Bonnaire*, 1837, in-8, demi-rel. dos et coins de mar. rouge, dos à 5 nerfs avec 4 filets, fil. sur les plats, non rog., couv. (*Allô*).

Edition originale, avec la couverture.

242. Nouvelles Satires, par Auguste Barbier. *Paris, Paul Masgana*, 1840, in-8, demi-rel. dos et coins de mar. rouge, dos à 5 nerfs avec 3 filets, fil. sur les plats, non rog., couv. (*Allô*).

Edition originale, avec la couverture.

243. Chants civils et religieux, par Auguste Barbier, auteur des « Iambes ». *Paris, Paul Masgana*, 1841, in-8, demi-rel. dos et coins de mar. rouge, dos à 5 nerfs avec 3 filets, fil. sur les plats, non rog., couv. (*Allô*).

Edition originale, avec la couverture.

## BECQUE (Henri).

244. La Navette, comédie en un acte par M. Henri Becque. *Paris, Tresse*, 1878. — La Parisienne, comédie en trois actes par Henri Becque. *Paris, Calmann Lévy*, 1885. Ens. 2 pièces in-12, br.

Editions originales, avec les couvertures.

## BRILLAT-SAVARIN

245. Physiologie du Goût, ou méditations de gastronomie transcendante, ouvrage théorique, historique et à l'ordre du jour, dédié aux Gastronomes parisiens, par un professeur (par Brillat-Savarin), membre de plusieurs sociétés littéraires et savantes. *Paris, chez A. Sautelet*, 1826, 2 vol. in-8, cart., non rog.

Edition originale.

## BRIZEUX (J.-A.-P.).

246. Marie, roman (par J.-A.-P. Brizeux). *Paris, A. Auffray et Urbain Canel*, 1832, in-16, demi-rel. dos et coins de mar. La Vallière, dos sans nerfs avec ornem. à froid et fil. dor., fil. sur les plats, non rog., couv.

Edition originale, avec la couverture.

## DIVERS

247. Dodecaton ou le livre des Douze. *Paris, Victor Magen*, 1837, 2 vol. in-8, demi-rel. dos et coins de mar. bleu, dos à 5 nerfs avec 5 fil., fil. sur les plats, non rog., couv. (*Allô*).

Edition originale, avec les couvertures.
Nouvelles signées de George Sand, Prosper Mérimée, Loève-Veimars, Léon Golzan, Emile Souvestre, Alfred de Musset, Alfred de Vigny, Alexandre Dumas, Jules Janin, Stendhal (L.-A.-C. Beyle), Dufongeray (Auguste Romieu et Cavé).

248. La Croix de Berny par le Vicomte Charles de Launay, Théophile Gautier, Jules Sandeau, Méry. *Paris, Pétion*, 1846, 2 vol. in-8, demi-rel. dos et coins de mar. rouge, dos ornés, fil., non rog. (*Allô*).

Edition originale, avec les couvertures.

## DUMAS PÈRE (Alexandre).

249. Nouvelles contemporaines, par Alex. Dumas. *Paris, Sanson*, 1826, in-12, br.

> Edition originale, avec la couverture.
> Envoi autographe sur le faux titre :
> > *Offert à Paillet*
> > *Par son meilleur*
> > *Ami.*
> > Alex. Dumas.

250. Henri III et sa Cour ; drame historique en cinq actes et en prose, par Alexandre Dumas, représenté sur le théâtre français, par les comédiens ordinaires du roi, le 11 février 1829. *Paris, Vezard et Cie*, 1829, in-8, br.

> Edition originale, avec la couverture.

251. Stockholm, Fontainebleau et Rome, trilogie dramatique sur la vie de Christine, cinq actes en vers, avec un prologue et épilogue, par Alex. Dumas, représenté à Paris, sur le théâtre royal de l'Odéon le 30 Mars 1830. *Paris, Barba*, 1830, in-8, 1 lithog. de Charlet d'après Raffet, br.

> Edition originale, avec la couverture.
> Envoi autographe sur le titre :
> > *A mon excellent ami M. Oudard.*
> > A. Dumas.

252. Napoléon Bonaparte ou trente ans de l'histoire de France. Drame en six actes par Alex. Dumas représenté pour la première fois, sur le théâtre royal de l'Odéon le 10 janvier 1831. *Paris, chez Tournachon-Molin*, 1831, in-8, demi-rel. mar. bleu, dos orné, tête dor., ébarbé.

> Edition originale.
> Envoi autographe sur le titre :
> > *A mon Cher, Bon et Excellent Ami*
> > *Saint-Evre.*
> > Alex. Dumas.

253. Antony, drame en cinq actes, en prose, par Alexandre Dumas, représenté pour la première fois sur le théâtre de la Porte-Saint-Martin, le mardi 3 mai 1831. *Paris, Au-*

guste Auffray, 1831, in-8, mar. rouge jans., dent. int., tête dor., non rog., couv. (*Cuzin père*).

<small>Edition originale, avec la couverture.
Bel exemplaire.</small>

254. Teresa, drame en cinq actes et en prose, par Alex. Dumas, représenté pour la première fois, sur le théâtre royal de l'Opéra-Comique, le 6 février 1832. Publication de Charles Lemesle. *Paris, Barba,* 1832, in-8, br.

<small>Edition originale, avec la couverture.</small>

255. LA TOUR DE NESLE, drame en cinq actes et en neuf tableaux, par MM. Gaillardet et *** (Alexandre Dumas), représenté, pour la première fois, à Paris, sur le Théâtre de la Porte-Saint-Martin, le 29 mai 1832. *Paris, J.-N. Barba,* 1832, in-8, demi-rel. dos et coins de mar. bleu à long grain, dos sans nerfs avec ornem. de 3 fil., fil. sur les plats, non rog., couv. (*Cuzin père*).

<small>Edition originale, avec la couverture.
Exemplaire absolument non rogné. Très rare.</small>

256. Gaule et France, par Alex. Dumas. *Paris, U. Canel et A. Guyot,* 1833, in-8, br.

<small>Edition originale, avec la couverture.</small>

257. Angèle, drame en cinq actes, par Alexandre Dumas. *Paris, Charpentier,* 1834, in-8, br.

<small>Edition originale, ornée d'un frontispice à l'eau-forte par Célestin Nanteuil.</small>

258. Catherine Howard, drame en cinq actes et en huit tableaux, par Alexandre Dumas. *Paris, Charpentier,* 1834, in-8, demi-rel. dos et coins de mar. bleu, non rog. (*Allô*).

<small>Edition originale, avec la couverture.
Vignette à l'eau-forte par Célestin Nanteuil.</small>

259. Kean, comédie en cinq actes, par Alexandre Dumas. *Paris, J.-B. Barba,* 1836, in-8, br.

    Edition originale, avec la couverture.

260. Don Juan de Marana ou la Chute d'un Ange, mystère en cinq actes, par Alexandre Dumas, musique de M. Piccini, décors de MM. Cicéri, Nolau, Devoir et Pourchet. *Paris, Marchant,* 1836, in-8, demi-rel. dos et coins de mar. bleu, non rog., couv. (*Allô*).

    Edition originale, avec la couverture.
    On a ajouté, 1 frontispice à l'eau-forte par Célestin Nanteuil.

261. Caligula, tragédie en cinq actes et en vers avec un prologue, par M. Alexandre Dumas, représentée pour la première fois, à Paris, sur le Théâtre français, le 26 décembre 1837. *Paris, Marchant,* 1838, in-8, br.

    Edition originale, avec la couverture.
    Envoi autographe sur le faux titre :

              *Monsieur Arsène*
              *de la part de l'auteur*
                A. DUMAS.

262. L'Alchimiste, drame en cinq actes en vers, par Alexandre Dumas, représenté pour la première fois, sur le théâtre de la Renaissance, le mercredi 10 avril 1839. *Paris, Dumont,* 1839, in-8, br.

    Edition originale, avec la couverture.

## DUMAS FILS (ALEXANDRE).

263. Atala, drame lyrique, par M. Alexandre Dumas fils. Musique de M. Varney. *Paris, Michel Lévy frères,* 1848, in-12, br.

    Edition originale, avec la couverture.
    Très rare.

264. Diane de Lys, comédie en cinq actes, en prose, par Alexandre Dumas fils. *Paris, D. Giraud,* 1853, in-12, br.

    Edition originale, avec la couverture.

265. Le Demi-Monde, comédie en cinq actes en prose, par Alexandre Dumas fils. *Paris, Michel Lévy frères*, 1855, in-12, br.

<small>Edition originale, avec la couverture.</small>

266. La Question d'Argent, comédie en cinq actes en prose par Alexandre Dumas fils. *Paris, Charlieu*, 1857, in-12, broché.

<small>Edition originale, la couverture porte deuxième édition.</small>

267. Le Fils naturel, comédie en cinq actes, dont un prologue par Alexandre Dumas fils. *Paris, Charlieu*, 1858, in-12, broché.

<small>Edition originale, avec la couverture.</small>

268. Un père prodigue, comédie en cinq actes par M. Alexandre Dumas fils. *Paris, en vente à la librairie théâtrale*, 1859, in-12, br.

<small>Edition originale, avec la couverture.</small>

269. L'Ami des Femmes, comédie, en cinq actes en prose, par Alexandre Dumas fils. *Paris, Alexandre Cadot*, 1864, in-18, br.

<small>Première édition dans ce format ; la couverture porte deuxième édition.</small>

270. AFFAIRE CLÉMENCEAU. Mémoire de l'Accusé, par Alexandre Dumas fils. *Paris, Michel Lévy frères*, 1866, gr. in-8, br., couv.

<small>Edition originale, avec la couverture.
Edition spéciale tirée à **100** exemplaires numérotés sur **papier de Hollande** (n° 69).</small>

271. Les Idées de M<sup>me</sup> Aubray, comédie en quatre actes, en prose, par Alexandre Dumas fils. *Paris, Michel Lévy frères*, 1867, in-8, br.

<small>Edition originale, avec la couverture.</small>

272. Une visite de Noces, comédie en un acte, en prose, par Alexandre Dumas fils. *Paris, Michel Lévy frères*, 1872, in-12, br.

    Edition originale, avec la couverture.

273. Monsieur Alphonse, pièce en trois actes, par Alexandre Dumas fils. *Paris, Michel Lévy frères*, 1874, in-8, br.

    Edition originale, avec la couverture.

274. La Princesse de Bagdad, pièce en trois actes, par Alexandre Dumas fils. *Paris, Calmann Lévy*, 1881, in-8, broch.

    Edition originale, avec la couverture.
    L'un des **25** exemplaires tirés sur **papier de Hollande** (n° 15).

275. Théâtre complet de Al. Dumas fils. *Paris, Michel Lévy frères*, 1868-1880, 6 vol. in-8, port., demi-rel. dos et coins de mar. grenat, dos ornés, têtes dor., non rog. (*de Hans*).

    Edition des Amis, tirée à **70** exemplaires.
    L'un des 55 sur papier de Hollande, avec cet envoi autographe :
        *A Monsieur Claye,*
    *Avec mille remerciements et compliments affectueux.*
                      A. DUMAS.

## GAY (DELPHINE).

276. Le dernier jour de Pompéi, poème, suivi de poésies diverses, par M$^{lle}$ Delphine Gay. *Paris, P. Dupont*, 1829, in-8, cart. pap. orange, ébarbé.

    Edition originale.
    Exemplaire aux armes de la **duchesse de Berry**.

## HALÉVY (LUDOVIC).

277. L'Invasion. Souvenirs et Récits, par Ludovic Halévy. *Paris, Michel Lévy frères*, 1872, in-12, demi-rel. dos et coins de mar. rouge, dos orné, fil. sur les plats, non rog., couv. (*Cuzin père*).

    Edition originale, avec la couverture.

278. Un Mariage d'Amour. *Paris, Calmann Lévy*, 1881, in-12, demi-rel. dos et coins de mar. vert, dos orné, fil. sur les plats, non rog., couv. (*Cuzin père*).

<small>Edition originale, avec la couverture.
L'un des **10** exemplaires tirés sur **papier de Chine** (n° 1).</small>

279. L'Abbé Constantin. *Paris, Calmann Lévy*, 1882, in-12, demi-rel. dos et coins de mar. orange, dos orné, fil. sur les plats, non rog., couv. (*Cuzin père*).

<small>Edition originale, avec la couverture.</small>

280. Criquette. *Paris, Calmann Lévy*, 1883, in-12, demi-rel. dos et coins de mar. bleu, dos orné, fil. sur les plats, non rog., couv. (*Cuzin père*).

<small>Edition originale, avec la couverture.</small>

281. Deux Mariages — Un grand mariage — Un mariage d'amour. *Paris, Calmann Lévy*, 1883, in-12 carré, pap. vergé, demi-rel. dos et coins de mar. rouge, dos orné à petits fers, fil. sur les plats, non rog., couv. (*Alló*).

<small>Exemplaire enrichi de **deux aquarelles originales** de **Henriot**.</small>

## HUGO (Victor).

282. LE TÉLÉGRAPHE, satire (par V.-M. Hugo). *A Paris, chez Delaunay*, 1819, in-8 de 12 pages, broch. n. c.

<small>Edition originale. — Rarissime.</small>

283. Ode sur la mort de son Altesse Royale Charles-Ferdinand d'Artois, duc de Berri, fils de France; par V.-M. Hugo. *Paris, chez A. Boucher*, 1820, in-8 de 8 pages, br.

<small>Edition originale, avec la couverture.</small>

284. Le Génie, ode à M. le Vicomte de Chateaubriand, par Victor-Marie Hugo. *A Paris, chez A. Boucher*, 1820, in-8 de 8 pages, br.

<small>Edition originale.</small>

285. Ode sur le baptême de son Altesse Royale Henri-Charles-Ferdinand-Marie-Dieudonné d'Artois, duc de Bordeaux, par Victor-Marie Hugo, de l'académie des jeux floraux. *A Paris, chez Pélicier*, 1821, in-8 de 8 pages, broché.

Edition originale.

286. Odes et poésies diverses par Victor-M. Hugo. *A Paris, chez Pélicier*, 1822, in-12, demi-rel. dos et coins de mar. bleu foncé, dos orné sans nerfs, fil., non rog., couv. (*Cuzin père*).

Edition originale, avec la couverture.

287. Odes par Victor-M. Hugo. Seconde édition augmentée de deux Odes nouvelles. *Paris, Persan, Pélicier*, 1823, in-12, demi-rel. dos et coins de mar. bleu foncé, dos orné sans nerfs, fil., non rog., couv. (*Cuzin père*).

Seconde édition augmentée de deux Odes nouvelles, *Louis XVII* et *Jehovah*.

288. Han d'Islande (par Victor Hugo). *Paris, chez Persan*, 1823, 4 vol. in-12, cart. dos et coins de mar. chaudron, non rog. (*Carayon*).

Edition originale.

289. Nouvelles Odes par Victor-M. Hugo. *A Paris, chez Ladvocat*, 1824, in-12, front., demi-rel. dos et coins de mar. bleu foncé, dos orné sans nerfs, fil., non rog., couv. (*Cuzin père*).

Edition originale, avec la couverture.<br>
Exemplaire contenant :<br>
1° Le frontispice de Devéria, gravé par Godefroy, en 2 états, dont l'un *avant la lettre* tiré sur Chine.<br>
2° Le **Dessin original** de **Devéria** pour le frontispice.

290. Le Sacre de Charles Dix ; Ode par Victor Hugo. *Paris, Ladvocat, s. d.*, in-8, broché.

Edition originale.<br>
Envoi autographe :<br>
*A notre Alfred, en témoignage de bien tendre amitié.*
Victor.

291. Odes et Ballades, par Victor Hugo. *Paris, Ladvocat*, 1826, in-12, front., demi-rel. dos et coins de mar. bleu foncé, dos orné sans nerfs, fil., non rog. (*Cuzin père*).

<small>Edition originale.
Exemplaire contenant :
1° Le frontispice de Devéria, gravé par Mauduit en 2 états, *avec et avant la lettre*.
2° Le **Dessin original** de **Devéria** pour le frontispice.
3° Un envoi autographe sur un des feuillets de garde :
*A mon ami Alaux.*
V.-H.</small>

292. Bug-Jargal, par l'auteur de Han d'Islande (par Victor Hugo). *Paris, Urbain Canel*, 1826, in-12, demi-rel. dos et coins de mar. bleu foncé, dos orné sans nerfs, fil., non rog., couv. (*Cuzin père*).

<small>Edition originale, avec la couverture.
Frontispice de Devéria gravé par P. Adam.</small>

293. A la Colonne de la Place Vendôme. Ode par Victor Hugo. *Paris, Ambroise Dupont et Cie*, 1827, in-8 de 16 pages, br., couv.

<small>Edition originale, avec la couverture.</small>

294. Cromwell, drame par Victor Hugo. *Paris, Ambroise Dupont et Cie*, 1828, in-8, demi-rel. dos et coins de mar. bleu foncé, dos orné sans nerfs, fil., non rog., couv. (*Cuzin père*).

<small>Edition originale, avec la couverture.</small>

295. Le Dernier jour d'un condamné (par Victor Hugo). *Paris, Charles Gosselin et Hector Bossange*, 1829, in-12, demi-rel. dos et coins de mar. bleu foncé, dos orné sans nerfs, fil., non rog., couv. (*Cuzin père*).

<small>Edition originale, avec la couverture.</small>

296. LES ORIENTALES, par Victor Hugo. *Paris, Charles Gosselin et Hector Bossange*, 1829, in-8, front. grav. par

Cousin, tiré sur Chine et 1 vign. sur le titre, demi-rel. dos et coins de mar. bleu foncé, dos orné sans nerfs, fil., non rog., couv. (*Cuzin père*).

<small>Edition originale, avec la couverture.
Exemplaire contenant le prospectus de souscription pour les œuvres complètes de Victor Hugo, 16 pages.</small>

297. L'Aumône, par Victor Hugo. *Rouen, Imprimé chez Nicétas Periaux*, 1830, in-8, br., couv.

<small>Edition originale, avec la couverture.</small>

298. Hernani ou l'honneur castillan, drame, par Victor Hugo, représenté sur le théâtre français le 25 Février 1830. *Paris. Mame et Delaunay-Vallée*, 1830, in-8, demi-rel. dos et coins de mar. bleu foncé, dos orné sans nerfs, fil., non rog., couv. (*Cuzin père*).

<small>Edition originale, avec la couverture.</small>

299. NOTRE-DAME DE PARIS (par Victor Hugo). *Paris, Charles Gosselin*, 1831, 2 vol. in-8, 1 vign. sur chaque titre, demi-rel. dos et coins de mar. bleu foncé, dos ornés sans nerfs, fil., non rog. (*Cuzin père*).

<small>**Edition originale**, avec les couvertures.
Très bel exemplaire contenant le tirage à part sur Chine des 2 vignettes de Tony Johannot, gravées par Porret, et auquel on a joint les deux premiers plats d'une couverture tirée sur papier jaune.</small>

300. Œuvres de Victor Hugo. Romans. Notre-Dame de Paris. Huitième édition. *Paris, Eugène Renduel*, 1832, 3 vol. in-8, demi-rel. veau fauve, non rog. (*Simier, r. du roi*).

<small>Première édition complète renfermant une nouvelle préface et trois chapitres inédits.</small>

301. Marion de Lorme, drame, par Victor Hugo. *Paris, Eugène Renduel*, 1831, in-8, demi-rel. dos et coins de

mar. bleu foncé, dos orné sans nerfs, fil., non rog., couv. (*Cuzin père*).

Edition originale, avec la couverture.
Envoi autographe sur le faux-titre :
*A Monsieur Loève-Veimars,*
*Offert par l'auteur.*
Victor Hugo.

302. Le Roi s'amuse, drame, par Victor Hugo. *Paris, Librairie d'Eugène Renduel*, 1832, in-8, front. de T. Johannot, tiré sur Chine, demi-rel. dos et coins de mar. bleu foncé, dos orné sans nerfs, non rog., couv. (*Cuzin père*).

Edition originale, avec la couverture.

303. LES FEUILLES D'AUTOMNE, par Victor Hugo. *Paris, Eugène Renduel*, 1832, in-8, 1 vign. sur le titre de Tony Johannot, demi-rel. dos et coins de mar. bleu foncé, dos orné sans nerfs, fil., non rog., couv. (*Cuzin père*).

Edition originale, avec la couverture.
A la fin du volume : le catalogue d'Eugène Renduel, 1831.

304. Lucrèce Borgia, drame, par Victor Hugo. *Paris, Eugène Renduel*, 1833, in-8, front. de Célestin Nanteuil, tiré sur Chine, demi-rel. dos et coins de mar. bleu foncé, dos orné sans nerfs, fil., non rog., couv. (*Cuzin père*).

Edition originale, avec la couverture.

305. Œuvres de Victor Hugo. Drames. Marie Tudor. *Paris, Eugène Renduel*, 1833, in-8, front. de Célestin Nanteuil, demi-rel. dos et coins de mar. bleu foncé, dos orné sans nerfs, fil., non rog., couv. (*Cuzin père*).

Edition originale, avec la couverture.
Nom à l'encre sur le titre.
La couverture porte deuxième édition.

306. Claude Gueux, par Victor Hugo (extrait de la Revue de Paris). *Paris, Everat, imprimeur*, 1834, in-8, br., couv.

Edition originale, avec la couverture.

307. Victor Hugo. Étude sur Mirabeau. *Paris, Ad. Guyot et Urb. Canel*, 1834, in-8, demi-rel. dos et coins de mar. bleu foncé, dos orné sans nerfs, fil., non rog., couv. (*Cuzin père*).

Edition originale, avec la couverture.

308. Œuvres complètes de Victor Hugo, 1819-1834. Littérature et Philosophie mêlées. *Paris, Eugène Renduel*, 1834, 2 vol. in-8, demi-rel. dos et coins de mar. bleu foncé, dos ornés sans nerfs, fil., non rog., couv. (*Cuzin père*).

Edition originale, avec les couvertures.

309. Œuvres de Victor Hugo. Drames. Angelo, tyran de Padoue. *Paris, Eugène Renduel*, 1835, in-8, demi-rel. dos et coins de mar. bleu foncé, dos orné sans nerfs, fil., non rog., couv. (*Cuzin père*).

Edition originale, avec la couverture.

310. Œuvres complètes de Victor Hugo. Poésie. Les Chants du Crépuscule. *Paris, Eugène Renduel*, 1835, in-8, demi-rel. dos et coins de mar. bleu foncé, dos orné sans nerfs, fil., non rog., couv. (*Cuzin père*).

Edition originale, avec la couverture.

311. La Esmeralda, opéra en quatre actes, musique de Mademoiselle Louise Bertin. Paroles de M. Victor Hugo. *Paris, Maurice Schlesinger*, 1836, gr. in-8, demi-rel. dos et coins de mar. bleu foncé, dos orné sans nerfs, fil., non rog., couv. (*Cuzin père*).

Édition originale, avec la couverture.

312. Œuvres complètes de Victor Hugo. Poésie. Les Voix Intérieures. *Paris, Eugène Renduel*, 1837, in-8, demi-rel. dos et coins de mar. bleu foncé, dos orné sans nerfs, fil., non rog., couv. (*Cuzin père*).

Edition originale, avec la couverture.

313. Œuvres complètes de Victor Hugo. Drame. Ruy Blas. *Paris, H. Delloye, Leipsig, chez Brockhauss et Avenarius*, 1838, in-8, demi-rel. dos et coins de mar. bleu foncé, dos orné sans nerfs, fil., non rog.. couv. (*Cuzin père*).

> Edition originale, avec la couverture.

314. Œuvres complètes de Victor Hugo. Drame. Ruy Blas. *Paris, H. Delloye*, 1838, in-8, demi-rel. dos et coins de mar. bleu foncé, dos orné sans nerfs, fil., non rog., (*Cuzin père*).

> Edition originale, avec la couverture.
> Dans cet exemplaire, le titre porte seulement le nom de H. Delloye.

315. Ruy Blas, drame en cinq actes, par Victor Hugo. *Leipsig, chez Brockaus et Avenarius*, 1838, in-12, demi-rel. dos et coins de mar. bleu foncé, dos orné sans nerfs, fil., non rog., couv. (*Cuzin père*).

> Edition originale d'après certains bibliographes, avec la couverture.

316. Œuvres complètes de Victor Hugo. Poésie. Les Rayons et les Ombres. *Paris, Delloye*, 1840, in-8, demi-rel. dos et coins de mar. bleu foncé, dos orné sans nerfs, fil., non rog., couv. (*Cuzin père*).

> Edition originale, avec la couverture, à la date de 1841.

317. Le Retour de l'Empereur, par Victor Hugo. *Paris, Delloye*, 1840, in-8, br., couv.

> Edition originale, avec la couverture.

318. Les Burgraves, trilogie par Victor Hugo. *Paris, E. Michaud*, 1843, in-8, demi-rel. dos et coins de mar. bleu foncé, dos orné sans nerfs, fil., non rog., couv. (*Cuzin père*).

> Edition originale, avec la couverture.

319. Les Contemplations, par Victor Hugo. *Paris, Michel Lévy frères*, 1856, 2 vol. in-8, demi-rel. dos et coins de mar. bleu foncé, dos ornés sans nerfs, fil., non rog., couv. (*Cuzin père*).

Edition originale, avec les couvertures.

320. La Légende des siècles, par Victor Hugo. *Paris, Michel Lévy frères. - Hetzel et Cie*, 1859, 2 vol. in-8, demi-rel. dos et coins de mar. bleu foncé, dos ornés sans nerfs, fil., non rog., couv. (*Cuzin père*).

Edition originale, avec les couvertures.

321. Victor Hugo Torquemada, drame. *Paris, Calmann Lévy*, 1882, gr. in-8, demi-rel. dos et coins de mar. bleu foncé, dos orné sans nerfs, fil., non rog., couv. (*Cuzin père*).

Edition originale, avec la couverture.
L'un des **10** exemplaires sur **papier de Chine** (n° 9).

322. Parodies de pièces de Théâtre et Romans de Victor Hugo. 10 vol. et br. reliés et brochés (*pourra être divisé*).

1° Le dernier jour d'un condamné, époque de la vie d'un romantique, en un tableau, avec un prologue en vers par MM. Dartois, Masson et Barthélemy, représentée pour la première fois à Paris, sur le théâtre des Variétés le 15 mai 1829. *Paris, chez Barba,* 1829, plaq. in-8, br.

Edition originale.

2° Le Lendemain du dernier jour d'un condamné. *Paris, Th. Ballimore, Genève, Ab. Cherbuliez*, 1829, in-12, demi-rel. dos et coins de mar. bleu foncé, dos orné sans nerfs, fil., non rog., couv. (*Cuzin père*).

Edition originale, avec la couverture.

3° Réflexions d'un infirmier de l'hospice de la pitié sur le drame de Hernani, de M. Victor Hugo. *Paris, Roy-Terry*, 1830, plaq. in-8, br., couv. illust.

Edition originale, avec la couverture.

4° N, i, Ni, ou le danger des Castilles, amphigouri-romantique en cinq actes et en vers sublimes, mêlés de prose ridicule, par MM. Carmouche, de Courcy et Dupeuty, musique classique, ponts-neufs, etc., arrangés par M. Alexandre Piccini, représenté pour la première fois à Paris, sur le théâtre de la porte Saint-Martin le 12 mars 1830. Nouvelle édition. *Paris, Bezou*, 1830, plaq. in-8, br.

5° Une nuit de Marion Delorme, vaudeville en deux actes par MM. Brazier, Alboize et Dulac, représenté pour la première fois sur le théâtre des Nouveautés le 17 août 1831. *Paris, J.-N. Barba*, 1831, plaq. in-8, br., couv.

Edition originale, avec la couverture.

6° Gothon du passage Delorme, imitation en cinq endroits et en vers de Marion Delorme. Burlesque (avec des Notes grammaticales), par MM. Dumersan, Brunstvick et Céran, représentée pour la première fois à Paris sur le théâtre des Variétés le 29 août 1831. *Paris, J.-N. Barba*, 1831, plaq. in-8, br., couv.

Edition originale, avec la couverture.

7° Tigresse. Mort aux Rats, ou poison et contre-poison, médecine en quatre doses et en vers par MM. Dupin et Jules, représentée pour la première fois à Paris sur le théâtre des Variétés le 22 février 1833. *Paris, J.-N. Barba*, 1833, plaq. in-8, br., couv.

Edition originale, avec la couverture.

8° Le Fils de Triboulet, comédie-vaudeville en un acte de MM. Cogniard frères et Burat, représentée pour la première fois sur le théâtre du Palais Royal le 5 février 1835. *Paris, Barba*, 1835, plaq. in-8, br., couv.

Edition originale, avec la couverture.

9° Angelo, tyran de Padoue, drame en quatre acte et en prose, raconté par Dumanet, caporal de la 1re, du 3e, du 22e régiment de ligne, orné de réflexions sur le jeu des acteurs, par l'auteur des parodies de Marie Tudor, d'Angèle, des Malcontents, etc... *Paris, J. Laisné*, 1835, plaq. in-8, br., couv.

Edition originale, avec la couverture.

10° Marie, tu dors encore ! Drame presque historique en deux actes et trois quarts d'heure mêlé de chant, par Armand Chaulieu et Louis Battaille, représenté pour la première fois au théâtre de

Belleville, le 8 novembre 1873. *En vente chez M. Barbré, 12, Boulevard Saint-Martin*, plaq. in-8, br., couv.

<small>Edition originale, avec la couverture.</small>

11° Ose-tro-Goth. Toquémalade. Parodie méli-mélo-drame-à-tics médicinaux (par L. Hoche). *Paris, chez un marchand de romantiques, à l'aube du vingtième siècle, s. d.*, 1882, in-8, br., couv. illust.

<small>Edition illustrée de vignettes dans le texte par Draner.</small>

## JANIN (Jules).

323. L'Amour des Livres, par M. Jules Janin. *Paris, J. Miard*, 1866, in-16, titre r. et n., demi-rel. dos et coins de mar. rouge, dos orné à petits fers, fil. sur les plats, tête dor., non rog. (*Cuzin père*).

<small>Edition originale.
Tiré à 204 exemplaires. — L'un des 200 sur papier vergé.</small>

## LAMARTINE (A. de).

324. Méditations poétiques (par A. de Lamartine). *Paris, au dépôt de la Librairie grecque-latine-allemande, (impr. de P. Didot l'aîné)*, 1820, in-8, demi-rel. dos et coins de mar. bleu, dos orné, fil. sur les plats, non rog., couv. (*Allo*).

<small>Edition originale, avec la couverture.
Exemplaire avec les pages 11 et 12 réimprimées et la table des matières qui forme les pages 117-118.</small>

325. Nouvelles Méditations poétiques, par Alphonse de Lamartine. *Paris, Urbain Canel, Audin*, 1823, in-8, demi-rel. dos et coins de mar. bleu, dos orné, fil. sur les plats, non rog., couv. (*Allo*).

<small>Edition originale, avec la couverture.</small>

326. La Mort de Socrate, poëme, par A. de Lamartine. *Paris, Ladvocat*, 1823, in-8, demi-rel. dos et coins de mar. bleu, dos orné, fil. sur les plats, non rog., couv. (*Allo*).

<small>Edition originale, avec la couverture.</small>

327. Le Dernier Chant du pélerinage d'Harold, par Alph. de Lamartine. *Paris, Dondey-Dupré, Ponthieu*, 1825, in-8, demi-rel. dos et coins de mar. bleu, dos orné, fil. sur les plats, non rog. (*Allo*).

<small>Edition originale.</small>

328. Chant du Sacre, ou la Veille des Armes, par A. de Lamartine. *Paris, Urbain Canel et Baudouin frères*, 1825, in-8, demi-rel. dos et coins de mar. bleu, dos orné, fil. sur les plats, non rog., couv. (*Allo*).

<small>Edition originale, avec la couverture.</small>

329. Harmonies poétiques et religieuses, par Alphonse de Lamartine. *Paris, Ch. Gosselin*, 1830, 2 vol. in-8, vignettes dess. par A. et T. Johannot, sur les titres, demi-rel. dos et coins de mar. bleu, dos ornés, fil. sur les plats, non rog., couv. (*Allo*).

<small>Edition originale, avec les couvertures.</small>

330. Jocelyn, épisode. Journal trouvé chez un curé de village, par Alphonse de Lamartine. *Paris, Furne et Ch. Gosselin*, 1836, 2 vol. in-8, demi-rel. dos et coins de mar. bleu, dos ornés, fil. sur les plats, non rog., couv. (*Allo*).

<small>Edition originale, avec les couvertures.</small>

331. La Chute d'un Ange, épisode, par Alphonse de Lamartine. *Paris, Ch. Gosselin et W. Coquebert*, 1838, 2 vol. in-8, demi-rel. dos et coins de mar. bleu, dos ornés, fil. sur les plats, non rog., couv. (*Allo*).

<small>Edition originale, avec les couvertures.</small>

332. Recueillements poétiques, par Alphonse de Lamartine. *Paris, Ch. Gosselin*, 1839, in-8, demi-rel. dos et coins de mar. bleu, dos orné, fil. sur les plats, non rog., couv. (*Allo*).

Edition originale, avec la couverture.

## LA MENNAIS (F. DE).

333. Paroles d'un croyant, 1833, par F. de La Mennais. *Paris, Eugène Renduel*, 1834, in-8, demi-rel. dos et coins de mar. rouge, dos orné, fil., non rog., couv. (*Allo*).

Edition originale, avec la couverture.

334. Affaires de Rome, par M. F. de La Mennais. *Paris, Cailleux et Cie*, 1836-1837, in-8, demi-rel. dos et coins de mar. rouge, dos orné de fil., non rog. (*Allo*).

Edition originale, avec la couverture.

## MARCELLUS (COMTE DE).

335. Odes sacrées, idylles et poésies diverses, par le Comte de Marcellus (Marie-Louis-Auguste) Pair de France. Dédié A S. M. Louis XVIII. *Paris, Ladvocat (impr. de Firmin-Didot)*, 1825, in-16, mar. bleu à grain long, dos et angles fleurdelisés, encadrem. de fil. et dent. sur les plats, doublé et gardes de tabis, large dent., mors de mar. bleu, tr. dor. (*Ginain*).

Exemplaire sur papier vélin fort, aux armes de Marie-Thérèse-Charlotte de France, **duchesse d'Angoulême**, fille de Louis XVI.

## MÉRIMÉE (PROSPER).

336. Théâtre de Clara Gazul, comédienne espagnole (par Prosper Mérimée). *Paris, A. Sautelet et Cie*, 1825, in-8, portr. de Mérimée en femme, par Delecluse, demi-rel. dos

et coins de mar. bleu à long grain, dos orné, fil. sur les plats, non rog., couv. (*Allo*).

<small>Edition originale, avec la couverture.
Exemplaire contenant le portrait de Mérimée en femme, lithographié par Scheffer, d'après Delecluse.</small>

337. Théâtre de Clara Gazul, comédienne espagnole (par Prosper Mérimée). *Paris, H. Fournier jeune*, 1830, in-8, demi-rel. dos et coins de mar. bleu à long grain, dos orné, fil. sur les plats, non rog., couv. (*Allo*).

<small>Seconde édition originale contenant deux pièces de plus que la première : *l'Occasion* et *le Carrosse du Saint-Sacrement*.</small>

338. La Guzla, ou choix de poésies illyriques recueillies dans la Dalmatie, la Bosnie, la Croatie et l'Herzégowine (par Mérimée). *A Paris, chez F.-G. Levrault*, 1827, in-18, port. demi-rel. dos et coins de mar. bleu, dos orné, fil., non rog. (*Allo*).

<small>Edition originale, avec la couverture.</small>

339. La Jaquerie, scènes féodales, suivies de la Famille de Carvajal, drame, par l'auteur du Théâtre de Clara Gazul (Prosper Mérimée). *Paris, Brissot-Thivars*, 1828, in-8, demi-rel. dos et coins de mar. bleu à long grain, dos orné, fil., non rog., couv. (*Allo*).

<small>Edition originale, avec la couverture.</small>

340. **1572.** Chronique du temps de Charles IX, par l'auteur du Théâtre de Clara Gazul (Prosper Mérimée). *Paris, A. Mesnier*, 1829, in-8, portr. de Mérimée, gravé à l'eau-forte par J. Nargeot, ajouté, demi-rel. dos et coins de mar. bleu à long grain, dos orné, fil. sur les plats, non rog., couv. (*Allo*).

<small>Edition originale, avec la couverture.</small>

341. La Double méprise, par l'auteur du Théâtre de Clara Gazul (Prosper Mérimée). *Paris, H. Fournier*, 1833, in-8,

demi-rel. dos et coins de mar. bleu, dos orné, fil. sur les plats, non rog. (*Allo*).

> Edition originale.

342. Mosaïque, par l'auteur du Théâtre de Clara Gazul (Prosper Mérimée). *Paris, H. Fournier jeune*, 1833, in-8, demi-rel. dos et coins de mar. bleu à long grain, dos orné, fil. sur les plats, non rog., couv. (*Allo*).

> Edition originale, avec la couverture.

343. Notes d'un voyage dans le Midi de la France, par Prosper Mérimée. *Paris, Librairie de Fournier*, 1845, in-8, 2 pl., demi-rel. dos et coins de mar. bleu, dos orné, fil., non rog. (*Allo*).

> Edition originale, avec la couverture.

344. Notes d'un voyage dans l'Ouest de la France, par Prosper Mérimée. Extrait d'un rapport adressé à M. le Ministre de l'Intérieur. *Paris, Fournier*, 1836, in-8, planches, demi-rel. dos et coins de mar. bleu à long grain, dos orné, fil. sur les plats, non rog., couv. (*Allo*).

> Edition originale, avec la couverture.

345. Notes d'un voyage en Auvergne, par Prosper Mérimée. Extrait d'un rapport adressé à M. le Ministre de l'Intérieur. *Paris, H. Fournier*, 1838, in-8, avec plan, demi-rel. dos et coins de mar. bleu à long grain, dos orné, fil. sur les plats, non rog., couv. (*Allo*).

> Edition originale, avec la couverture.

346. Notes d'un Voyage en Corse, par M. Prosper Mérimée. *Paris, Fournier jeune*, 1840, in-8, fig., demi-rel. dos et coins de mar. bleu à long grain, dos sans nerfs avec ornem. dor., fil. sur les plats, non rog., couv. (*Allo*).

> Edition originale, avec la couverture.
> Exemplaire à l'état de neuf.

347. COLOMBA, par Prosper Mérimée. *Paris, Magen et Comon*, 1841, in-8, demi-rel. dos et coins de mar. bleu à long grain, dos orné, fil. sur les plats, non rog., couv. (*Allo*).

    Edition originale, avec la couverture.

348. Essai sur la guerre Sociale, par P. Mérimée. *Paris, Typographie de Firmin Didot frères*, 1841, in-8, 3 pl. de médailles, demi-rel. dos et coins de mar. bleu, dos orné, fil., non rog. (*Allo*).

    Edition originale, avec la couverture.

349. Etudes sur l'Histoire Romaine, par Prosper Mérimée. *Paris, Victor Magen*, 1844, 2 vol. in-8, demi-rel. dos et coins de mar. bleu à long grain, dos ornés, fil. sur les plats, non rog. (*Allo*).

    Edition originale.

350. CARMEN, par Prosper Mérimée. *Paris, Michel Lévy frères*, 1846, in-8, demi-rel. dos et coins de mar. bleu à long grain, dos orné, fil. sur les plats, non rog., couv. (*Allo*).

    Edition originale, avec la couverture au millésime de 1847.

351. Nouvelles de Prosper Mérimée. Carmen. — Arsène Guillot. — L'Abbé Aubain. — La Dame de Pique. — Les Bohémiens. — Le Hussard. — Nicolas Gogol. *Paris, Michel Lévy frères*, 1852, in-12, demi-rel. dos et coins de mar. bleu, dos orné, fil., non rog.

    Edition originale in-12, avec la couverture.

352. La Chambre Bleue, nouvelle dédiée à Madame de la Rhune (par Mérimée). *Bruxelles, Librairie de la Place de la Monnaie*, 1872, in-8, vignette à l'eau-forte sur le titre, par Bracquemond, demi-rel. dos et coins de mar. bleu, dos orné, fil., non rog. (*Allo*).

    Edition originale, avec la couverture ; on a ajouté le tirage à part sur Chine de la vignette du titre.

353. Lettres à une Inconnue, par Prosper Mérimée, précédées d'une étude sur Mérimée, par H. Taine. *Paris, Michel Lévy frères*, 1874, 2 vol. in-8, demi-rel. dos et coins de mar. bleu à long grain, dos ornés, fil. sur les plats, non rog., couv. (*Allo*).

<small>Edition originale, avec les couvertures.</small>

354. Lettres à une autre inconnue, par Prosper Mérimée, de l'Académie française. Avant-propos par H. Blaze de Bury. *Paris, Michel Lévy frères*, 1875, in-12, demi-rel. dos et coins de mar. bleu, dos orné, fil., non rog., couv.

<small>Edition originale, avec la couverture.
L'un des **25** exemplaires tirés sur **papier de Hollande**.</small>

355. Lettres à M. Panizzi, 1850-1870, publiées par M. Louis Fagan. *Paris, Calmann Lévy*, 1881, 2 vol. in-8, portraits, demi-rel. dos et coins de mar. bleu à long grain, dos ornés, fil., non rog. (*Allo*).

<small>Edition originale, avec les couvertures.</small>

### MUSSET (ALFRED DE).

356. CONTES D'ESPAGNE ET D'ITALIE, par M. Alfred de Musset. *Paris, Urbain Canel*, 1830, in-8, demi-rel. dos et coins de veau fauve, dos orné, fil. sur les plats, non rog. (*Rel. de l'époque*).

<small>Edition originale du premier recueil de poésies publié par A. de Musset.
Exemplaire sur **grand papier vélin**. — Très rare.</small>

357. Contes d'Espagne et d'Italie, par M. Alfred de Musset. *Paris, A. Levavasseur — Urbain Canel*, 1830, in-8, demi-rel. dos et coins de mar. vert à long grain, dos orné, fil. sur les plats, non rog., couv. (*Cuzin père*).

<small>Edition originale, avec la couverture.</small>

358. UN SPECTACLE DANS UN FAUTEUIL, par Alfred de Musset. — Poésie. *Paris, Eug. Renduel*, 1833, 1 vol. —

Un Spectacle dans un fauteuil, par Alfred de Musset. — Prose. *Paris, librairie de la Revue des Deux Mondes*, 1834, 2 vol. — Ens. 3 vol. in-8, demi-rel. dos et coins de mar. lilas, dos ornés, fil. sur les plats, non rog., couv. (*Cuzin père*).

<small>Editions originales, avec les couvertures.</small>

359. La Confession d'un enfant du siècle, par Alfred de Musset. *Paris, Félix Bonnaire*, 1836, 2 vol. in-8, demi-rel. dos et coins de mar. bleu à long grain, dos ornés, fil. sur les plats, non rog., couv. (*Cuzin père*).

<small>Edition originale, avec les couvertures.</small>

360. LES DEUX MAITRESSES. — Frédéric et Bernerette, par Alfred de Musset. *Paris, Dumont*, 1840, 2 vol. in-8, demi-rel. dos et coins de mar. orange à long grain, dos plats à 5 nerfs, fil. dor. et ornem. à froid, fil. sur les plats, non rog., couv. (*Cuzin père*).

<small>Edition originale, avec les couvertures.
Bel exemplaire. — Très rare.</small>

361. Nouvelles, par Alfred et Paul de Musset — Pierre et Camille — Le Secret de Javotte — Fleuranges — Deux mois de séparation. *Paris, Victor Magen*, 1848, in-8, demi-rel. dos et coins de mar. rouge à long grain, dos orné, fil. sur les plats, non rog. (*Cuzin père*).

<small>Edition originale, avec la couverture (le premier plat seulement).</small>

362. Un caprice, comédie en un acte et en prose, par Alfred de Musset. Représentée au Théâtre-Français le 27 Novembre 1847. *Paris, Charpentier*, 1847, in-12, br.

<small>Edition originale, avec la couverture.</small>

363. Il faut qu'une porte soit ouverte ou fermée. Proverbe par Alfred de Musset. Représenté au Théâtre-Français le 7 Avril 1848. *Paris, Charpentier*, 1848, in-12, br.

<small>Edition originale, avec la couverture.</small>

364. Il ne faut jurer de rien, comédie en trois actes et en prose, par Alfred de Musset. Représentée pour la première fois au Théâtre-Français, le 22 Juin 1848. *Paris, Charpentier*, 1848, in-12, br.

Edition originale, avec la couverture.

365. Le Chandelier, comédie en trois actes, par Alfred de Musset. Représentée pour la première fois, à Paris, au Théâtre-Historique le Jeudi 10 Août 1848. *Paris, Charpentier*, 1848, in-12, br.

Edition originale, avec la couverture.

366. Louison, comédie en deux actes et en vers, par Alfred de Musset. Représentée au Théâtre-Français, le 22 Février 1849. *Paris, Charpentier*, 1849, in-12, br.

Edition originale, avec la couverture.

367. L'Habit Vert, proverbe en un acte par MM. Alfred de Musset et Emile Augier. Représenté pour la première fois à Paris, sur le Théâtre des Variétés, le 23 Février 1849. (*Paris, Michel Lévy frères*), 1849, in-12, br.

Edition originale.

368. L'Habit Vert, proverbe en un acte et en prose, par Alfred de Musset et Emile Augier. *Paris, Michel Lévy frères*, 1851, in-12, br., couv.

369. André del Sarto, drame en deux actes et en prose, par Alfred de Musset. Représenté au Théâtre de l'Odéon (second Théâtre-Français) le Mardi 21 Octobre 1850. *Paris, Charpentier*, 1851, in-12, br.

Edition originale, avec la couverture.

370. Les Caprices de Marianne, comédie en deux actes, en prose, de M. Alfred de Musset. Représentée pour la première fois, à Paris, sur le Théâtre de la République (Co-

médie-Française), le 14 Juin 1851. *Paris, Charpentier*, 1851, in-12, br.

<small>Edition originale, avec la couverture.</small>

371. Bettine, comédie en un acte et en prose par Alfred de Musset. Représentée pour la première fois à Paris, au théâtre du Gymnase le jeudi 30 octobre 1851. *Paris, Charpentier*, 1851, in-12, br.

<small>Edition originale, avec la couverture.</small>

372. On ne badine pas avec l'Amour, comédie en trois actes en prose par Alfred de Musset. Représentée pour la première fois à Paris, sur le théâtre Français, par les comédiens ordinaires de l'Empereur. *Paris, Charpentier*, 1861, in-12, br.

<small>Edition originale, avec la couverture.</small>

373. Carmosine, comédie en trois actes en prose par Alfred de Musset. Représentée pour la première fois à Paris, sur le théâtre Impérial de l'Odéon le 7 novembre 1865. *Paris, Charpentier*, 1865, in-12, br.

<small>Edition originale, avec la couverture.</small>

374. Fantasio, comédie en trois actes en prose par Alfred de Musset. Représentée pour la première fois sur le Théâtre-Français le 18 août 1866, par les Comédiens ordinaires de l'Empereur. *Paris, Charpentier*, 1866, in-12, br.

<small>Edition originale, avec la couverture.</small>

## PAILLERON (Edouard).

375. Les Faux ménages, comédie en quatre actes en vers par Edouard Pailleron. *Paris, Michel Lévy frères*, 1869, in-8, br. — Hippolyte Poulain. Le cinquième acte des

Faux ménages. *Paris, Librairie Internationale*, 1869, in-8, br.

<small>Editions originales, avec les couvertures.
Envoi autographe de H. Poulain :</small>

<small>*A mon très sincère ami,
Alexandre Flan, hommage de l'auteur.*
POULAIN.</small>

376. Petite pluie....., comédie en un acte par Edouard Pailleron. *Paris, Michel Lévy frères*, 1876. — L'Etincelle, comédie en un acte par Edouard Pailleron. *Paris, Calmann Lévy*, 1879. Ens. 2 pièces in-12, br.

<small>Editions originales, avec les couvertures.</small>

377. Le Monde où l'on s'ennuie, comédie en trois actes par Edouard Pailleron. *Paris, Calmann Lévy*, 1881, in-8, br.

<small>Edition originale, avec la couverture.</small>

## PONSARD (FRANÇOIS).

378. Lucrèce, tragédie en cinq actes en vers par M. Ponsard. *Paris, Furne et Cie*, 1843. — Agnès de Méranie, tragédie en cinq actes et en vers par M. Ponsard. *Paris, Furne*, 1847. — Horace et Lydie (une ode d'Horace), comédie en un acte et en vers par M. Ponsard. *Paris, E. Blanchard*, 1850. Ens. 3 pièces in-8, br.

<small>Editions originales, avec les couvertures.</small>

379. Harmonie (Arme-au nid), charade en trois tableaux par M. Ponsard, jouée au palais de Compiègne en présence de leurs Majestés le 15 décembre 1863. *Paris, Imprimerie Impériale*, 1863, gr. in-8, br., couv.

<small>Edition originale, avec la couverture.</small>

## RICHEPIN (Jean).

380. Les Blasphèmes, par Jean Richepin, avec un portrait de l'auteur par E. de Liphart. *Paris, Maurice Dreyfous,* 1884, in-4, pap. de Hollande, cart. dos et coins de perc., non rog., couv.

L'un des **100** Exemplaires sur **papier de Hollande** (n° 215) avec le portrait de l'auteur en deux états.

## ROMIEU (A.).

381. Proverbes romantiques, par A. Romieu. *A Paris, chez Ladvocat,* 1827, in-8, demi-rel. dos et coins de mar. bleu, dos orné, fil., non rog., couv. (*Allo*).

Edition originale, avec la couverture.

## SAINTE-BEUVE (C.-A.).

382. Pensées d'Août, poésies (par Sainte-Beuve). *Paris, Eugène Renduel,* 1837, in-12, demi-rel. dos et coins de mar. bleu jans., non rog., couv. (*Allo*).

Edition originale, avec la couverture.
Exemplaire absolument non rogné.

383. Critiques et portraits littéraires, par C.-A. Sainte-Beuve. *Paris, Raymond Bocquet,* 1841, in-8, demi-rel. dos et coins de mar. rouge, dos orné, fil., non rog., couv. (*Allo*).

Edition originale, avec la couverture.

## SAND (George).

384. Cosima ou la haine dans l'amour. Drame en cinq actes, précédé d'un prologue par George Sand. *Paris, Félix Bonnaire,* 1840, in-8, br.

Edition originale, avec la couverture.

385. Le Marquis de Villemer, comédie en quatre actes en prose par George Sand. *Paris, Michel Lévy frères*, 1864, in-8, br.

    Edition originale, avec la couverture.

### SANDEAU (Jules).

386. Madame de Sommerville, par Jules Sandeau. *Paris, Henri Dupuy*, 1834, in-8, demi-rel. dos et coins de mar. vert, dos orné, fil., non rog. (*Allo*).

    Edition originale, avec la couverture.
    Envoi de l'auteur sur la couverture.

387. Marianna, par Jules Sandeau, auteur de Madame de Sommerville. *Paris, Werdet*, 1839, 2 vol. in-8, demi-rel. dos et coins de mar. vert, dos ornés, fil., non rog. (*Allo*).

    Edition originale, avec les couvertures.
    Bel exemplaire.

388. Les Revenants, par Jules Sandeau et Arsène Houssaye. *Paris, Desessart*, 1840, 2 vol. in-8, demi-rel. dos et coins de mar. La Vallière, dos ornés, fil., non rog. (*Allo*).

    Edition originale, avec les couvertures.

389. Le Docteur Herbeau, par Jules Sandeau. Seconde édition. *Paris, Ch. Gosselin*, 1842, 2 vol. in-8, cart. dos de perc., non rog., couv. (*Lemardeley*).

390. Vaillance et Richard, par Jules Sandeau. *Paris, Ch. Gosselin*, 1843, in-8, demi-rel. dos et coins de mar. orange, dos orné, fil., non rog. (*Allo*).

    Edition originale, avec la couverture, qui porte « troisième édition ».

391. Mademoiselle de Kérouare, par Jules Sandeau et Arsène Houssaye. *Paris, Victor Mayen*, 1843, in-8, demi-rel. dos et coins de mar. La Vallière, dos orné, fil., non rog. (*Allo*).

    Edition originale.

392. Milla, par Jules Sandeau et A. Houssaye. *Paris, Desessart*, 1843, in-8, demi-rel. dos et coins de mar. vert foncé, dos orné, fil., non rog. (*Allo*).

Édition originale, avec la couverture.

393. Fernand, par Jules Sandeau. *Paris, Dressart*, 1844, in-8, cart. dos de vélin vert, non rog., couv. (*Lemardeley*).

Édition originale, avec la couverture.

394. Mademoiselle de la Seiglière, par Jules Sandeau. *Paris, Michel Lévy frères*, 1847, 2 vol. in-8, demi-rel. dos et coins de mar. bleu, dos ornés, fil., non rog. (*Allo*).

Édition originale, avec les couvertures.

395. Valcreuse, par Jules Sandeau. *Paris, Desessart*, 1847, 3 vol. in-8, demi-rel. dos et coins de mar. grenat, dos ornés, fil., non rog. (*Allo*).

Édition originale, avec les couvertures.

396. La Chasse au Roman, par Jules Sandeau. *Paris, Michel Lévy frères*, 1849, 2 vol. in-8, demi-rel. dos et coins de mar. rouge, dos ornés, fil., non rog. (*Allo*).

Édition originale, avec les couvertures.
Exemplaire à l'état de neuf.

397. Un héritage, par Jules Sandeau. *Paris, Michel Lévy frères*, 1849, 2 vol. in-8, demi-rel. dos et coins de mar. bleu, dos ornés, fil., non rog. (*Allo*).

Édition originale, avec la couverture.
Exemplaire à l'état de neuf.

398. Madeleine, par Jules Sandeau. *Paris, Michel Lévy frères*, 1849, in-8, demi-rel. dos et coins de mar. grenat, dos orné, fil., non rog. (*Allo*).

Édition originale, avec la couverture.
Superbe exemplaire.

399. Sacs et Parchemins, par Jules Sandeau. *Paris, Michel Lévy frères*, 1851, 2 vol. in-12, cart. perc., non rog.

Édition originale, avec les couvertures.

400. Un Début dans la Magistrature, par Jules Sandeau. *Paris, Michel Lévy frères*, 1863, in-12, demi-rel. dos et coins de mar. rouge, dos orné, fil. sur les plats, non rog., couv. (*Cuzin père*).

<small>Edition originale, avec la couverture.</small>

## STENDHAL (DE) (HENRI BEYLE)

401. De l'Amour, par l'auteur de l'Histoire de la Peinture en Italie (Henri Beyle). *Paris, P. Mongie l'ainé*, 1822, 2 vol. in-12, demi-rel. dos et coins de mar. bleu à long grain, dos sans nerfs avec ornem. dor., fil. sur les plats, non rog. (*Cuzin père*).

<small>Edition originale, avec les couvertures.</small>

402. Promenades dans Rome, par M. de Stendhal (Henri Beyle). *Paris, Delaunay*, 1829, 2 vol. in-8, fig., demi-rel. dos et coins de mar. bleu à long grain, dos sans nerfs avec ornem. dor., fil. sur les plats, non rog., couv. (*Cuzin père*).

<small>Edition originale, avec les couvertures.</small>

403. LE ROUGE ET LE NOIR. Chronique du XIX° siècle, par M. de Stendhal (Henri Beyle). *Paris, A. Levavasseur*, 1831, 2 vol. in-8, titres ornés d'une vignette d'Henry Monnier, grav. sur bois par Porret, demi-rel. dos et coins de mar. rouge à long grain, dos sans nerfs avec ornem. dor., fil. sur les plats, non rog., couv. (*Cuzin père*).

<small>Edition originale, avec les couvertures.
Très bel exemplaire.</small>

404. Mémoires d'un Touriste, par l'auteur de Rouge et Noir (Henri Beyle). *Paris, A. Dupont*, 1838, 2 vol. in-8, plan, demi-rel. dos et coins de mar. vert à long grain, dos sans nerfs avec ornem. dor., fil. sur les plats, non rog., couv. (*Cuzin père*).

<small>Edition originale, avec les couvertures.</small>

405. L'Abbesse de Castro, par M. de Stendhal (Henri Beyle). *Paris, Dumont,* 1839, in-8, demi-rel. dos et coins de mar. La Vallière foncé, dos sans nerfs avec ornem. dor., fil. sur les plats, non rog., couv. (*Cuzin père*).

Edition originale, avec la couverture.

406. LA CHARTREUSE DE PARME, par l'auteur de Rouge et Noir (Henri Beyle). *Paris, A. Dupont,* 1839, 2 vol. in-8, demi-rel. dos et coins de mar. vert à long grain, dos sans nerfs avec ornem. dor., fil. sur les plats, non rog., couv. (*Cuzin père*).

Edition originale, avec les couvertures.

## VIGNY (ALFRED DE).

407. Eloa, ou la sœur des Anges. Mystère par le comte Alfred de Vigny. *Paris, Auguste Boulland et Cie,* 1824, in-8, br.

Edition originale, avec la couverture.

408. Poèmes antiques et modernes, par le comte Alfred de Vigny : Le Déluge, Moïse, Dolorida, le Trapiste, la Neige, le Cor. *Paris, Urbain Canel,* 1826, in-8, br.

Edition originale, avec la couverture.

409. Chatterton, drame par le comte Alfred de Vigny. *Paris, Hippolyte Souverain,* 1835, in-8, front. grav. d'Ed. May, tiré sur Chine, demi-rel. dos et coins de mar. bleu à long grain, ornem. dor. et à froid, fil., non rog., couv. (*Cuzin père*).

Edition originale, avec la couverture.

---

*Arras.* — *Imp. Schoutheer Frères, rue des Trois-Visages,* 53.

## EN PRÉPARATION

## CATALOGUE
DE
# BEAUX LIVRES
### RARES & PRÉCIEUX
## ANCIENS & MODERNES

ayant appartenu à

### M. E. DAGUIN

---

### DEUXIÈME PARTIE
Livres à Figures du XVIII<sup>e</sup> Siècle

### TROISIÈME PARTIE
Grands Écrivains Français et Étrangers
des XV<sup>e</sup>, XVI<sup>e</sup>, XVII<sup>e</sup> et XVIII<sup>e</sup> Siècles

### QUATRIÈME PARTIE
Livres Rares Anciens et Modernes
Collection de Pièces de Théâtre

### CINQUIÈME PARTIE
Livres Anciens et Modernes de divers genres

---

Arras. — Imp. Schoutheer Frères, rue des Trois-Visages, 53.

www.ingramcontent.com/pod-product-compliance
Lightning Source LLC
Chambersburg PA
CBHW070249100426
42743CB00011B/2198